천광천로 1

석문도담

한조님
수련일대기

천광천로
天光天路

입문 入門
구도 求道의 길을 회고하다

한조 지음

석문출판사

서문

『석문도담石門道談-천광천로天光天路』는 지상 하나님이신 한조님께서 후천완성도법後天完成道法인 석문도법石門道法을 통해 본래 거居하셨던 천상天上의 근본자리에 본위本位하시는 과정을 담은 수련일대기修練一代記다.

동서고금을 막론하고 성현의 지혜를 담은 경전과 장구한 세월을 견뎌 낸 전승傳承에는, 가없이 고결하신 한 분께서 언젠가 지상의 한 곳에 임하시어 천하만민天下萬民들의 신성神性을 일깨워 하늘과 땅과 사람을 구원하리라는 잠언箴言이 있어 늘 인류의 지혜를 일깨웠고, 밝은 혜안을 가진 존재들은 오랜 세월 그분을 찾아뵙고 그분의 삶의 흔적을 따르고자 소리 없이 만천하滿天下를 헤매기도 했다.

경전과 전승 그리고 혜안을 가진 이들이 하늘의 말씀을 받든 세월을 넘어 하나님께서 오실 때를 그토록 기다린 것은, 하늘이 내린 말씀의 해석을 넘어 그분께서 살아가실 삶에 깃든 빛과 힘, 가치를 통해

마침내 현실적이고 구체적이며 실질적인 궁극적 완성의 길이 현현顯現하리라는 사실을 부지불식간에 깨닫고 있었기 때문이리라.

『석문도담-천광천로』는 이렇게 장구한 세월 동안 내려온 의문에 대한 마지막 화답이자, 또 다른 질문의 시작이다. 하나님께서는 지상의 어떤 자리로 오시어 어떤 길[道]을 걸으셨는가, 그리고 우리는 그 길[道]을 어떻게 걸을 것인가.

하나님께서는 지으신 억조창생億兆蒼生이 자신의 존재성과 존재가치를 찾아가는 과정을 인정·존중·배려하고 교류·공감·소통하시어 장구한 세월 속에서 전해 온 언약言約대로 친히 지상의 평범한 자리에 임하시어 천하만민들과 동고동락, 동병상련하심으로써 이들의 기쁨과 슬픔, 즐거움과 노여움, 사랑과 미움의 지상 삶을 대속代贖의 만행萬行으로 두루 어루만지시고, 무엇보다도 후천완성도법인 석문도법을 전하심과 동시에 천하만민들 사이에서 그들과 같이 함께 더불어 내외의 고난과 역경을 인정하고 극복하고 뛰어넘어 진법을 체득하고 깨우쳐 인식하는 과정을 통해 근본자리에 본위本位하심으로써 온전하고 완전한 후천 수도자의 전범典範을 내려주셨다.

그렇게 한조님께서 하늘의 근본자리를 되찾으시어 하나님이심을 깨닫게 되셨던 그날까지, 지상에서 행行하셨던 수도修道, 도무道務, 생활生活의 기록이 바로 『석문도담-천광천로』다. 그래서 『석문도담-천광천로』는 한조님의 수련일대기며 지금껏 말씀 주신 섭리의 진리적 사실이 담긴 『석문도법』, 『석문사상』, 『석문도담-한조한당도담』, 『석문도담-한조도담』을 저술하신 실질적 생명력이 어디에 근거하고 있는지를 보여주는 책이기도 하다.

물론, 『석문도담-천광천로』에 담긴 한조님의 수련일대기는 지상에서 행하신 수많은 천지인조화역사들 중 일부이며, 시간적으로 본다면 지상 하나님께서 본위를 이루시기 이전의 역사다. 한조님께서 하나님으로서 본위를 이루시고[天神本位] 한당 선생님께서 본래의 빛으로 돌아가신 이후, 한조님으로서 본위를 이루시는[桓祖本位] 과정에서 나투고 밝히고 나누셨던 그 수많은 밝고 맑고 찬란한 빛의 역사들과 절대자의 시간 속에서 겪으셨던 고독과 고뇌는 지금 세상의 활자로 담기에는 부족함이 있다.

이렇듯 아직 『석문도담-천광천로』의 지면에 담을 수 없는 지상 하나님의 역사들이 무수히 많지만 그리 머지않은 미래에 제자들이 보좌충만하여 세상에 드러날 꿈으로 남겨 두어, 지어진 존재성과 존재가치를 찾아 완성을 이루고자 하는 존재들에게 더 큰 꿈·희망·긍정·열정을 불러일으키는 여백의 자양분이 되리라 믿는다.

『석문도담-천광천로』는 곧 지상 하나님께서 늘 우리 곁에 거居하심의 증거가 되어, 모든 존재들이 존재하는 그 자체로 가치 있고 충만하고 조화롭고 아름다운 섭리행의 삶을 온전하고 완전하게 살아가는 그날까지, 하나님께서 창조하신 이 무량한 시공간을 살아가는 모든 존재들에게 영원한 한 줄기 빛의 길[道]로 남게 될 것이다.

모든 존재들은 '천광천로天光天路'의 뜻을 받들어 '신광신로神光神路'의 빛과 힘, 가치로 자신의 근본을 찾아 보좌충만의 한 길을 걷기 바란다.

한기 28년 11월 14일
태양력 2016년 12월 12일
석문도문

구도求道의 길을 회고하다

차례

서문 _ 4
일러두기 _ 10

삶, 인연, 그리고 도연道緣 _ 11
와식臥息 _ 51
좌식坐息 _ 71
대맥운기帶脈運氣 _ 79
소주천小周天 _ 101
온양溫養 _ 113
대주천大周天 _ 125
일월성법日月星法 _ 139
풍수법風水法 _ 145
선인법仙人法 _ 149
전신주천全身周天 _ 153
채약採藥 _ 161
기화신氣化神 _ 171
양신陽神 _ 179

일러두기

1. 석문도문의 문주이신 한조님께서는 양신 수련을 시작하셨을 즈음, 지나오신 삶과 구도의 과정, 와식에서 기화신까지의 공부를 회고 형식으로 기록하셨다. 『석문도담-천광천로1』은 그 기록을 책으로 엮은 한조님의 수련일대기다.

2. 석문도문의 수련법인 석문도법의 석문호흡법은 한당 선생님에 의해 기본적인 체계와 토대가 세워졌으며, 한조님에 의해서 현실화·구체화·실질화되어 세상에 전파되었다. 『석문도담-천광천로』는 한조님께서 석문도법의 석문호흡법을 무수히 많은 경우의 수로 체득·체험·체감하시는 과정 중에 남기신 수련일대기다. 따라서 후천완성도법인 석문도법과 그에 따른 석문호흡법의 온전하고 완전한 내용을 알기 위해서는 『석문도법』, 『석문사상』, 『석문도담-한조한당도담』, 『석문도담-한조도담』을 참조하면 된다.

3. 『석문도담-천광천로』는 한조님께서 수도의 과정 중에 겪으셨던 수많은 고난과 역경을 인정하고 극복하고 뛰어넘어 마침내 근본자리에 본위本位하시는 가운데 남기신 공부 과정의 기록이며, 석문도법의 석문호흡법을 체득·체험·체감하여 현실화·구체화·실질화하는 과정 중에 남기신 기록이다. 또한 보편적인 공부의 흐름과 형국뿐만 아니라 한조님의 위상에서만 겪으실 수 있는 특수한 상황에 대한 기록이기도 하다. 이 점을 감안하여 『석문도담-천광천로』의 내용을 이해할 필요가 있다.

4. 『석문도담-천광천로』는 '한기桓紀'를 기준으로 일자를 표기했다. 한기는 한桓 빛의 섭리에서 시작된 창조의 근본 목적에 따라 하늘과 땅과 사람이 온전히 하나 되어 조화와 완성, 거듭남을 이룰 수 있는 후천완성도법인 석문도법이 지상에 펼쳐진 첫 시점을 원년元年으로 삼는 연도환산법이다. 따라서 한기는 후천이 시작된 1988년을 기점基點으로 하고 1989년을 원년으로 삼는다.

5. 등장하는 인물들의 경우 최대한 실명으로 표기했으며 당사자의 필요나 현재 상황에 의해 실명을 밝힐 수 없는 경우 가명으로 표기했다.

6. 글을 쓰신 시간이 표기된 수련일지도 있고 표기되지 않은 것도 있다. 편집상의 통일보다는 기록을 그대로 남겨 둔다는 데에 의의를 두고 시간이 표기되어 있는 것들은 그대로 수록하였다. 시간은 24시간표기법을 기준으로 하였다.

天光
天路

삶, 인연, 그리고 도연 道緣

──────────────── 삶, 인연, 그리고 도연道緣

1

나는 한당 선생님께서 도문道門을 여신 지 3개월이 조금 지났을 때 평범한 도반으로 입회를 했다. 이후 또 다른 도연道緣으로 실무진實務陣 생활을 한 지도 어언 여섯 성상星霜이 지났다.

아직 해야 할 공부가 많고 넘겨야 할 고비는 끝이 없으나 스승님의 도법이 진법임을 많은 세인世人들에게 알리고자 이미 흘러갔지만 즐겁기도 하고 힘겹기도 했던 수련 체험을 하나씩 회고해 보려 한다. 심오하고 현묘한 우리 공부에 관심이 있거나 이미 한 걸음 들여놓으신 분들이 더 이상 방황하지 않고 바르게 나아가는 데 조금이나마 도움이 되었으면 하는 마음 간절하다.

2

1992년 2월 14일한기 4년 1월 11일, 경남 마산 '학문당'이라는 서점에서 아주 친한 친구가히 문경지교刎頸之交라 할 만한를 만나기로 했다. 그해 1월 30일 근 3년간의 군복무를 마치고 제대한 후 처음으로 만나는 지기였다. 약속 시간을 오후 1시로 정하고 평소 자주 만나던 '학문당'에 10분 정도 일찍 도착해서 넓은 서점 안을 이리저리 둘러보며 혹시나 친구가 먼저 와 있나, 이곳저곳에 시선을 주고 있었다. 왠지 낯설어 보이는 서점에 친구는 보이지 않았고 시간은 계속 흘러갔다. 약속 시간보다 30분이 지났다. 지루한 기다림 속에 여러 생각이 일어나다 나중에는 은근히 걱정스러운 마음이 들었다. '무슨 일이야 있겠어? 기다리다 보면 오겠지' 하고 불안해지는 마음을 달래며 군복무 중에 즐겨 읽던 '정신세계사'나 '고려사'에서 간행된 정신세계 관련 서적을 뒤적이고 있었다. 물론 그때까지만 해도 나에게 다가올 크나큰 도연道緣이 거기에 있을 줄은 꿈에도 모르고 있었다.

3

3남 1녀 중 막내로 태어난 나는 몸이 허약하여 어릴 적부터 잔병치

레가 잦았다. 어머니 말씀에 의하면 세 살 전까지는 토실토실한 우량아였는데 홍역을 심하게 앓고 난 후부터 홀쭉하게 빠졌다고 한다. 지금도 기억나는 어린 시절 기억 중 잊혀지지 않는 하나는 상당한 기간[지금 생각으로 한 2년 쯤 된 것 같다] 홍역을 앓았는데 가끔씩 덜 아프면 햇살이 내리쬐는 담벼락에 움츠리고 앉아 있었던 일이다. 이렇게 약했음에도 조그만 동네의 골목대장이었던 나는 다른 사람에게 지는 것을 싫어하고 자존심과 고집도 셌다.

성장하면서는 여러 이유로 병원을 자주 찾았다. 내가 아파서 가기도 했지만 아버지께서 당뇨병으로 20여 년간 투병생활을 하셨기 때문에 아버지를 모시고도 자주 드나들었다. 이렇게 어려서부터 병과 알게 모르게 친해지다 보니, 성격도 내성적으로 바뀌고 조금만 아파도 '혹시 큰 병이 아닐까' 하고 혼자 걱정을 자주 하곤 했다. 한번은 TV에서 방영해 준 폐암에 관한 프로그램을 본 후로 이유 없이 가슴 부근이 한 달이나 계속 아팠던 적도 있었다. 그때 너무 이상해서 병원에 가서 검사를 받아봤는데 결과는 정상이었다. 의사는 내 장기(臟器)가 특급품이라고 하면서 신경성이니 안심하라고 덧붙였다. 사실 나는 병에 아주 과민하게 반응했었다. 심지어 어떨 때는 '어쩌면 난 중병으로 죽게 될지도 몰라' 하고 쓸데없는 생각에 잠기면서 나만의 공상에 빠지기도 했다. 그러다 보니 타인과 어울리는 것을 즐기지 않게 되었고 수줍음도 많이 타게 되었다.

초등학교 때 일이다. 선생님이 책 읽기를 시켰는데, 평소 혼자서는 거침없이 잘 읽던 것을 반 친구들 앞에 서서 읽으려니 말이 더듬더듬 잘 나오지 않았다. 친구들의 시선 때문에 얼굴이 홍당무가 되어 겨우 읽고는 숨듯이 자리에 앉은 적이 여러 번 있었다. 대학교를 졸업한 지금도 맞춤법을 곧잘 틀리고 말을 빨리 하는 습관이 있는데, 이것도 어렸을 적 성격의 영향 때문이지 않을까 싶다. 태성 엄마는 맞춤법을 잘 틀리는 나를 보고 태어난 지 1년도 안 된 아들에게 "태성아, 너는 커서 아빠한테 받아쓰기는 배우지 마라. 네 아빠 지금도 맞춤법이 틀려서 엄마한테 물어본단다." 하면서 놀린다.

초등학교 1학년 때는 받아쓰기를 못해서 방과 후 보충수업을 받곤 했다. 학교에서 집까지는 10리4km 정도 되는 거리였는데 시골이라서 차가 많지 않았던지라 곧잘 걸어서 집에 가곤 했다. 보충수업 후, 친구 하나 없이 홀로 외로이 걷다 보면 해가 뉘엿뉘엿 넘어가서 저녁노을이 아름답게 졌지만 내게는 좋게만 보이지 않았다. 아마 먼 거리를 홀로 걷는 외로움이 짙어서 붉게 물든 저녁노을의 아름다움을 느낄 겨를이 없었던 것 같다. 그때 이후로 늦은 오후에 남아서 무언가 하는 것을 싫어하게 되었다. 나중에 안 사실이지만, 어머니께서는 동갑내기 사촌만 학교에서 일찍 오면 이유를 물어보셨는데 "받아쓰기를 못해서 남아서 공부해요."라는 말을 들을 때마다 우울하셨다고 한다. 아마 십중팔구는 '거목은 떡잎부터 알아본다는데 싹이 노랗구나'라고 생각하셨을 것이다. 물론 겉으로 드러내서 말씀하시지는 않았지만 말이다. 사실 그 시절에는 슬픈 만화를 보면 한동안 우울한 감정에 빠져 지낼 정도로 마음이 여렸다. 그러나 이런 나에게도 언젠가 먼 미래에 하늘을 날아 저 넓은 우주를 여행하고픈, 그 당시로서는 전혀 실현 가능성이 없는 그런 꿈이 항상 가슴속에 자리 잡고 있었다.

그런데 세상은 모든 것을 있는 그대로 내버려 두지만은 않나 보다. 이렇게 평범하다 못해 어딘가 문제가 있는 듯했던 내게도 변화의 계기가 주어졌으니 말이다. 지금도 그 일은 베일에 가려진 채 남아 있다. 그 일이란 다름 아닌 초등학교 6학년 1학기말 시험 결과였다. 평소 반에서 중간 정도 하던 내가 기적같이 전교 1등을 한 것이다. 반 1등도 아닌 전교 1등을 말이다. 그렇게 열심히 공부한 것도, 또 그렇게 영리한 것도 아니었는데 정말 뜻밖의 일이었다. 시험 결과로 부모님뿐만 아니라 형과 누나까지 기뻐하고 자랑스러워했는데, 내게 무엇보다 중요했던 것은 지병으로 쉽게 웃지 않으시던 아버지께서 하루 종일 얼굴 가득 미소를 짓고 계셨던 일이다. 어린 마음에 '아버지께서 웃으신다. 정말 아버지께서 웃으시네. 공부를 잘하니 아버지께서 웃으시는구나' 하고 마치 새로운 무언가를 발견한 것처럼 기뻤다. 이후로 고등학교 때까지 나 자신과 아버지의 미소를 위해 주야로 책 속에 파묻혀 있곤 했다. 그러다 보니 건강은 자꾸 약해졌고 좋아하던 운동초등학교 때 육상과 축구선수였다도 잘하지 못하게 되었고 이런저런 감수해야 할 일이 많이 생겼다.

특히 초등학교 때 높은 철봉에서 떨어진 적이 있는데, 그때 허리가 뜨끔하고 아픈 후로는 종종 요통이 생겨서 고생했다. 중학교 때부터는 운동하는 시간보다 책상에 앉아 있는 시간이 더 많아졌다. 오래 앉아 있다 보면 자세가 비스듬해지는데, 이 때문에 요통이 더 심해져서 이따금 병원 신세를 지기도 했다. 그런데 설상가상으로 축농증, 신경성 위궤양, 신경성 대장염, 치질이 겹쳤고, 가끔씩 당뇨 증상도 보였다. 고등학교 때 B형 간염까지 앓았다는 것은 나중에 알게 되었다. 아버지 때문에 집에 혈당을 재는 소형 전자기기가 있었는데, 한번은 내 혈당수치를 쟀더니 230까지 올라갔다. 아버지께서는 평소에 내가 건강관리를 하지 않는다고 노발대발하셨고 어머니께서는 걱정스러운 눈빛으로 쳐다보셨는데, 결국은 민간요법으로 정상 수치를 되찾았다. 이렇듯 머리끝에서 발끝까지 아프지 않은 곳이 없었다. 어느 의사의 말처럼 아픈 곳 말고 아프지 않은 곳을 말하는 것이 전달하기에 더 편할 정도였으니 말이다.

그러다 크리스마스 때 우연히 예수그리스도의 생애를 그린 TV 프로그램을 보고는 하나님 말씀이 담긴 성경에 빠지게 되었다. 당시의 주변 상황이 정신적인 안정을 갈망하게 했고 그러다 보니 더 깊은 신앙의 세계로 빠져들었는지도 모른다. 우리 집은 전통적인 불교 집안임에도 아버지께서 유학儒學을 공부하셔서 나는 유학적 생활 관념이 깊었다. 집 책장에는 불경부터 성경, 모르몬교 경전 등등 여러 종교 서적 뿐만 아니라 선도仙道 관련 서적도 있었는데, 당시 나는 그중에서 성경에 흥미를 느꼈던 것이다. 그러나 사실 지금도 성경을 많이 이해하지는 못한다. 그때는 더더욱 그랬을 텐데 무엇 때문에 그렇게 빠져들었는지 모르겠다. 그런데 나는 성경을 탐독하면서도 특이하게 교회에 가는 것은 별로 좋아하지 않았다. '하나님의 말씀이 담긴 성경대로 생활하고 기도하고 믿음을 가지면 되지, 굳이 교회를 나가야만 하는가? 교회를 가야지만 천국에 갈 수 있다는데, 그러면 믿음이 있어도 교회를 가지 않으면 천국에 갈 수 없다는 말인가?' 등등 신앙과 믿음에 대한 나만의 가치관 때문이었다. 유학적 생활 관념 속에 살던 내가 성경을 탐독하게 된 것은 큰 변화였다. 중학교 때는 하나님과 예수그리스도의 이야기를 더 깊이 알게 되면서 천국과 천사에 대한 동경으로 기독교적 세계관에 맹목적으로 빠져들었다.

그렇게 삶에 새로운 흐름이 생기던 차에, 때마침 고등학교도 기독교 재단에 속한 학교에 입학하게 되었다. 정말 우연찮게도 종교관의 변화에 걸맞게 현실의 여건도 바뀐 것이다. 당시에는 신기하게 생각하지 않았지만 지금 생각해 보면 하늘의 섭리가 참으로 오묘하다!

그래서인지 고등학교 때는 '언제까지 이런 공부를 해야 하나?'라는 생각이 자꾸 들면서 현실 세계가 아닌 저 넓은 우주와 알 수 없는 신비의 세계로 눈길이 가곤 했다. 이때 집 책장에서 칼 세이건의 『코스모스Cosmos』를 우연히 발견하게 된다. 우주의 신비를 과학자의 시각에서 다루는 500쪽 분량의 두꺼운 책이었다. 이 책은 내 마음을 더욱 은하수 저편 미지의 드넓은 우주로 날아가게 했고, 동시에 인체의 신비 쪽으로도 눈을 돌리게 했다.

어린 시절, 초능력 관련 잡지나 드라마를 보고 나면 '나도 저들처럼 초능력이 있었으면 좋겠다', '왜 나는 저런 신비한 능력이 없을까?'라는 생각을 했다. 실제 집 마당에 나가 6~7m 정도 떨어진 돌을 움직여 보려고 눈을 돌에 고정시키고 눈꺼풀을 깜박거리지 않은 채 5분씩 있기도 했다. 처음에는 1분도 되지 않아 눈이 아프고 눈물이 나왔지만 나중에 하다 보니 5분 정도까지는 그렇게 버틸 수 있었다. 고등학교 시절에는 그런 방면을 좀 더 구체적으로 접해 보고 싶었지만 마음만 있었을 뿐 현실적으로는 어쩔 수가 없었다. 실제로 넘어야 할 중요한 벽, 바로 대학입시가 눈앞에 다가왔고 산 너머의 자유를 위해 힘을 내야 했기 때문이다.

세상 모든 일이 다 마음대로 되지는 않듯, 나의 고등학교 시절도 내 뜻대로 되지 않았다. 돌아보면, 상당히 암울하고 충동적인 시기로 남아 있다. 맹목적인 기독교적 종교관에도 점차 큰 변화가 찾아오는데, 이유는 다음과 같다. 당시 우리는 문교부 현 교육부 방침으로 철학과 종교 중 하나를 선택해서 공부해야 했는데, 우리 학교는 기독교 재단이라는 배경 때문에 종교를 선택하여 성경을 공부해야 했다. 당시 종교 과목을 담당한 분은 타종교를 너무 심하게 비방하고 기독교의 우월성만 지나치게 강조했는데, 특히 불교와 우리 고대의 민간 신앙을 모두 배척하는 비판이 도가 지나쳐서 많은 급우들의 반발을 샀다. 종교 과목 수업을 회피하려는 친구들까지 생길 정도였다. 나 또한 가슴속 깊숙이서 거부감이 밀려왔다. '무엇 때문에 타인의 종교까지 비방할까? 하나님과 예수그리스도의 말씀과 섭리를 많은 사람이 이해할 수 있도록 올바로 전하기만 하면 되지 않을까. 인간으로서 선택의 자유를 저버리고 무조건 믿고 따라야만 한다면, 인간의 이성은 무엇 때문에 있고 창조주께서는 무엇 때문에 인간을 창조하셨는가? 결국에는 꼭두각시에 불과한 것을⋯.' 등등의 생각이 끊이지 않았다.

어쨌든 그 수업으로 인해 맹목적인 종교관에서 벗어나 정신적 변혁이라 할 만큼 종교관과 가치관이 바뀌면서, 성적과 삶의 태도도 함께 바뀌었다. 중학교 때는 우수한 성적을 거두면서 장래에 대한 욕망과 열정으로 불타올랐다면, 고등학교 때는 입시 공부가 덧없게 느껴졌고 현실에 대한 염증이 끊임없이 일어났다.

이후 대학입시 원서를 쓰려고 학교에 찾아온 큰형은 담임 교사와 면담하고 나서 크게 낙심했다. "네가 어쩌다 이렇게 되었나? 나는 널 믿었는데 어떻게 이럴 수가… 네가 우리 집안의 꿈나무였다는 것을 몰랐나?" 하며 반은 질책하듯, 반은 넋두리하듯 말했다. 가만히 듣고만 있던 내 가슴속에는 무어라 형언할 수 없는 죄책감이 밀려왔다.

아버지께서는 충격을 받으셨는지 서울대로 원서를 쓸 수 없게 되었다는 큰형의 말에 소파에 털썩 주저앉아 버리시더니 "떨어져도 좋으니 시험을 치거라. 네 아버지가 아들 재수할 정도는 돈을 벌어 놓았다." 하시는 것이다. 나는 자신이 없었지만 아버지 앞이라 "말씀대로 하겠습니다."라고 답변을 드렸다. 나중에 실제로는 고려대 경영학과로 원서를 썼다. 그런데 당연히 붙을 거라 생각했던 경영학과는 떨어지고, 2지망으로 전혀 생각지도 않았던 불어불문학과에 입학하게 되었다.

4

아침부터 저녁까지 꽉 짜여져 생활하던 고등학교 교정을 떠나 좀 더 자유로운 대학생이 되었다는 사실에 더할 나위 없이 기뻤다. '민족 고대'의 젊음과 패기가 내 마음속의 모든 불만을 해소해 버릴 만큼 강렬하게 다가와 마치 무엇이든 할 수 있을 것 같은 열정이 일어났다. 그러나 현실은 생각과는 전혀 다르게 흘러갔다. 꿈에 부풀었던 대학 생활은 대부분 향수병과 싸워야 했으며, 학과목에 적응하지 못한 나는 강의실보다 캠퍼스의 푸른 잔디밭에 앉아 지냈다. 마음속은 어디든지 날아갈 수 있는 희망이 용솟음 치고 있었는데 현실은 그렇지 못했던 것이다. 대학가는 학생들의 반정부시위로 혼란스러웠다. 어머니께서는 아무 동아리나 가입하면 공부는 뒷전으로 하고 시위만 하는 이른바 골칫거리 학생으로 전락한다고 걱정하시면서, 동아리에 가입하지 말라고 며칠이나 나를 설득했다. 작은형은 당구를 치면 공부에 큰 방해가 되니 배우지 말라고 말려서 이 또한 하지 않았기 때문에, 친구도 적었고 도대체 할 수 있는 것이 없었다.

1989년 2월 28일한기 1년 1월 23일, 정신적 지주셨던 아버지께서 20여 년 간의 투병생활을 마감하고 하늘나라로 떠나셨다. 아버지의 죽음은 나에게 있어 또 한 번 인생의 전환점이 되었다. 아버지께서 운명하시게 된 원인은 감기로 인한 호흡곤란이었다. 감기는 내가 먼저 걸렸는데 떠난 분은 아버지셨다. 예전 같으면 약을 먹고 빨리 나으려고 노력했을 텐데, 이상하게도 그때 나는 약도 먹지 않고 끝까지 견디던 중이었다. 일주일 정도 고생만 하다가 나중에 어쩔 수 없이 약을 먹었는데, 그 사이 내 감기가 집안 식구들에게 퍼져 마지막에 아버지께서 걸리신 것이다. 오랜 기간 당뇨병을 앓아 오신 터라 면역력이 상당히 떨어져 있었기 때문에, 환절기만 되면 감기에 걸리셔서 두세 달 가량 고생하시던 아버지께서는 심한 경우 입원도 하셨다. 다른 때 같으면 감기에 걸리시자마자 약을 사서 드시거나 병원에 가셨는데, 이번에는 아버지께서도 왠지 모르게 하루 이틀 정도 약을 드시지 않고 견디셨던 것이었다. 3일째 되는 날, 갑자기 몸 상태가 악화되어 응급실로 들어가실 때만 해도 식구들은 아버지가 돌아가시리라고는 아무도 생각지 않았다. 여태까지 그랬기 때문에 이런 상황에 조금 무디어 있긴 했지만 말이다.

결국 아버지께서는 사촌 누나 결혼식날이었던 다음 날 오전에 임종하셨다. 돌아가시는 날 아침의 일은 지금도 잊지 못한다. 나와 어머니는 바로 예식장으로 가지 않고 병원에 먼저 들렀는데, 입원실이 10층에 있었다. 지금의 마산 삼성병원구 고려병원이다. 처음에는 의식도 있고 말씀도 몇 마디 하셨는데, 알약을 드시고 난 후 갑자기 숨을 가쁘게 쉬시더니 눈에 힘이 풀리고 눈꺼풀이 반쯤 내려앉았다. 우리는 급히 간호사를 불렀다. 이내 산소 호흡기를 가져와서 강제 호흡을 시켰지만 아버지의 손은 싸늘하게 식어 가고만 있었다. 급히 2층 중환자실로 옮기고 보호자 중 어머니만 따라 들어가셨다. 밖에서 안절부절 못하고 있으니 한참 후 어머니께서 눈시울을 붉게 적시면서 밖으로 나오셨다. "안되겠다. 큰아버지께 전화해서….." 하시면서 친척들에게 연락하라고 하시는 것이다. 나는 급히 집에 연락해 상황을 전하고는 중환자실로 들어가 보았다. 산소마스크를 쓴 아버지는 옷이 다 벗겨진 채로 누워 계셨는데, 의료진은 이미 포기한 상태였다. 순간 나는 정신을 잃었다. 조금 후에 의식을 차렸는데, 나중에 들은 이야기로는 중환자실에서 "우리 아버지 살려 내라."고 담당 의사에게 막무가내로 항의를 했다고 한다. 아마 호흡이 곤란한 환자에게 알약을, 그것도 작지도 않은 큰 알약을 먹인 것이 갑작스러운 호흡곤란을 유발시켰다고 무의식적으로 생각한 것이 아니었을까. 그런 생각이 돌발적인 행동으로 이어진 듯하다.

사실 돌아가시기 전날부터 아버지께서는 평소와 다르게 행동하셨다. 하루 종일 아무 말 없이 나만 계속 쳐다보시다가 눈시울을 적시 곤 하셨는데, 나도 그날따라 이상하게 집 밖에 나가기가 싫어 종일 아버지 수발을 들었다. 아마 무언가를 느꼈었나 보다.

앞서 언급했듯이 아버지의 임종은 나에게 많은 변화를 가져다 주었는데 제일 큰 것이 바로 종교의 변화였다. 어려서는 유학을, 중고등학교 때는 기독교를, 그리고 아버지의 임종 후에는 상중喪中에 피워 놓았던 향 내음과 천수경千手經을 계기로 불교로 바꾸게 되었다. 천수경은 뜻을 모르는데도 왠지 내 가슴속을 적셔 주는 것이 있었다. 그렇지 않아도 '인생이란 무엇일까? 죽고 산다는 것이 무엇일까? 그것이 무엇인데 아버지께서는 가시고 나는 남았는가?' 하는 본질적인 물음과 답답함이 터져 나왔던 때라 더 친근감이 갔는지도 모른다. 장사葬事를 지내고 상복을 벗은 다음 불교 경전에 몰입하게 되었다. 집안이 불교 집안이라 관련 서적들이 많아서 쉽게 불교에 빠져들 수 있었다.

5

아버지께서 돌아가시던 해, 9월 입대 전까지 허리가 아파 7개월간이나 투병생활을 했다. 여러 병원을 찾아다녀도 가는 곳마다 특별한 병명이 없어 '신경성'이라고만 하고 다른 소견이 없었다. 어떤 의사가 '추간판 탈출증'일 거라면서 컴퓨터 단층 촬영을 했는데, 역시나 특별한 병명이 없었다. 나중에는 신경정신과에 가서 뇌파 검사부터 심리검사까지 받았다. 그러나 아무 이상이 없었다. 다만 다소 과민한 신경적 불안이 보인다고 하면서 혹시 충격을 받은 일이 있냐고 물었다. 아버지께서 몇 달 전에 돌아가셨다고 하니 "어떤 충격에 의해 일시적으로 신경계가 자극을 받아 요통과 심리적 불안을 유발시키는 것 같습니다."라는 소견을 들었고, 결국 지금도 마산에 있는 배 신경정신과에 열흘 정도 입원을 했다. 실로 난감하지 않을 수 없었다. 몸은 아픈데 병명은 없고 군 입대는 다가오다 보니 경전에 의지하는 마음이 더욱 간절해졌으리라 생각한다.

당시 주로 읽었던 책은 불교 대법전과 일본 불교학자들의 논문 번역서였다. 스님들의 구도 행적을 다룬 서적이었는데 지금도 내 책장에 꽂혀 있는 책은 다음과 같다. 석용산 스님의 『여보게, 저승 갈 때 뭘 가지고 가지』, 중광 스님의 『나무아미타불』, 소담 스님의 『생명 있는 것은 다 사랑을 원한다』, 법정 스님의 『서 있는 사람들』, 이청화 스님의 『돌을 꽃이라 부른다면』 등과 『법구경』, 홍법원에서 간행한 『밀린다 팡하』이라고 하는 경전 등이다. 이후 불가 선종의 선禪 공부에 빠져들었는데 당시 읽었던 책들 중 지금도 기억나는 것은 『더 나아갈 수 없는 길』이다. 선사들의 선문답을 기록한 『전등록』을 소공자라는 사람이 자신의 제자들에게 강의한 내용을 기록한 책인데, 1편에서 3편까지 있다. 또한 건강이 안 좋았던 관계로 단전호흡과 요가도 했는데, 단전호흡은 홍태수 씨의 『단丹의 실상』이라는 책을 참고로 했다. 요가는 두 달 정도 하다 너무 힘들어 그만두었고 단전호흡은 약간의 부작용이 있는 듯하여 3개월 정도 하다 그만둬 버렸다.

어머니께서는 이런 나를 걱정하시면서도 건강을 되찾겠다는 아들의 마음을 헤아려 주셨다. 건강의 악화에도 불구하고 시간은 흘러 그해 가을, 그러니까 1989년 9월 18일한기 1년 8월 19일 나는 국가의 부름을 받고 군에 입대하게 된다. 힘든 군 생활을 아버지에 대한 죄스러움으로 견디던 나는 어느 날 한 가지 생각이 떠올랐다. '그렇게 수없이 많은 검사와 투약에도 내 병에 대한 명쾌한 진단이 없었다. 하지만 나는 정말 아프다. 이 세상 어딘가에는 내 병을 치료할 수 있는 어떤 것이 있지 않을까. 이제 나도 성인이니 스스로 이 지긋지긋한 병을 고칠 수 있는 방법을 찾아보자.'

6

군 생활에 어느 정도 익숙해져서 시간에 여유가 생기자 선禪 공부를 계속 하면서 기공氣功을 접목해 보았다. '정신세계사'에서 나온 『건강기공』이라는 책을 시작으로 몇 권의 기공 관련 책을 읽고 틈틈이 수련을 했다. 이때 문득 '부처께서는 어떻게 그러한 심오한 경지에 들 수 있었을까? 나도 부처께서 그러했듯이 대각大覺하여 해탈解脫할 수는 없을까? 그래, 반드시 그 수행법이 있을 거야'라는 생각이 떠올랐다. 그러다 우연히 서점에서 정신세계사의 『붓다의 호흡과 명상』이라는 책을 발견하여 읽고는 호흡법 쪽으로 시선을 돌리게 되었다. 『안반수의경』과 『대념처경』을 풀이한 이 책에 '부처의 법은 한 줄기의 호흡 속에서 시작되었다'라는 구절이 있었는데, 이것이 나중에 읽은 유화양 선사의 『혜명경』이라는 책으로 이어져 더욱 호흡수련에 몰입하게 되었다. '그래도, 지구는 돈다'라는 갈릴레오의 유명한 말처럼 '그래도, 반드시 있을 것이다'라는 굳은 마음이 내가 가야 할 길을 제시해 준 것으로 생각한다. 그런 가운데 당시 선풍적인 인기를 얻고 있었던 소설 『단丹』을 보았다. 연정원研精院의 봉우 권태훈 옹의 실화를 소설로 쓴 책이었는데, 나로서는 이 책을 읽은 것이 그 전까지 막연하게 따라했던 '호흡수련'에서 체계가 있는 '단전호흡수련'으로 전환하게 된 계기가 되었다. 과거 군 입대 전에 구입해서 보았던 홍태수 씨의 『단丹의 실상』과 『단丹의 완성』을 교재로 삼아 다시 수련을 해 보기도 했는데 예전과 같은 부작용은 없었으나 특별한 진전도 없었다. 그래서 다른 서적들을 섭렵하기 시작했다.

봉우 선생의 『천부경의 비밀과 백두산족 문화』, 『백두산족에게 고함』, 일지 선사의 『단학』 등의 책을 읽고 수련했으나 실질적인 수련에 대한 명확한 기술이 없어서 흡족하지는 않았다. 그래서 다른 책들을 찾기 시작했는데, 그 즈음 읽은 책이 바로 『참동계천유』, 정신세계사의 『명상의 세계』와 『신술』, 명문당의 『선도 건강술』, 자유문고의 『포박자』, 서음출판사의 『초능력과 영능력』, 유림의 『신선의 세계』, 자유문고의 『노자 도덕경』과 『장자』 등이었다. 물론 그동안 잃어버려 여기에 기록하지 못하는 책도 많이 있지만 어쨌든 이러한 책들은 실제로 수련할 수 있도록 수련 방법을 자세히 기록한 것이 아니라 많은 도움이 되지는 않았다. 이후로 나는 주역을 비롯한 기문둔갑奇門遁甲에 관심을 두어 수박 겉핥기식으로 공부를 계속 했으나, 너무나 많은 지식을 암기해야 하고 내용도 난해해서 내 이해력의 한계만 절감했다.

7

나는 기존의 수련 방법을 하나하나 열거해 보았다. '나 자신에게 맞는 수련법은 무엇일까' 고민하다가 중국의 기공과 단전호흡을 적절히 배합하여 수련하기로 했다. 아침 기상 직후에는 약간의 기공을, 그 외 시간에는 단전호흡을 택했는데 중대에서는 '김 병장'보다 '김 도사'로 통할 정도였다.

나름의 방법으로 한참 수련을 하다 보니 여러 책에서 언급한 축기蓄氣의 화후火候와 비슷한 증상이 일어나기 시작했다. 아랫배가 따뜻해지기도 하고 바늘 같은 것으로 찌르는 것 같기도 하고 어떨 때는 가렵기까지 했다. 당시에 각 수련단체마다 단전丹田의 위치가 상이하였기에 나는 배꼽 밑 임의의 지점을 단전으로 생각하고 있었다.

그러다 이런 느낌을 받은 지 약 1개월 정도 지난 1991년 초여름, 원인을 알 수 없는 피부병이 생겼다. 거의 두 달 가량 약을 먹고 주사를 맞았지만 호전되지 않았다. 선임하사였던 신 중사가 소금물로 목욕을 하면 낫는다고 권하길래, 그렇게 하다가 너무 가려워서 굵은 소금으로 그냥 문질러 버렸다. 그런데, 이상하게도 따갑거나 쓰리지 않고 오히려 시원하게 느껴져 다음 날도 계속했더니 조금씩 차도가 보였다. 이렇게 삼사 일 정도 하다가 찬바람이 돌기 시작하니 가려움증이 온데간데없이 사라졌다. 당시 피부병은 주로 팔과 다리, 하복부 위주로 생겼는데 지금 생각하면 '대장이 좋지 않아 생긴 명현 반응 중의 하나가 아니었을까' 싶지만 당시로서는 이유를 짐작조차 할 수 없었다.

그리고 앞서 언급한 것들과는 성격이 다른 이상한 경험을 하기도 했다. 시작은 어느 날 저녁 화장실을 가는 길에 일어났다. 우리 부대는 산 중턱에 있었기 때문에 해가 지면 낮과는 전혀 다르게 음침해졌다. 사방에 어둠이 깔리고 취침 점호시간이 다가올 즈음 급히 화장실에 가고 싶어 내무반을 나서는데 무언가 서늘한 느낌이 들어 뒤돌아보았다. 아무런 흔적 없이 사방에 깜깜한 어둠만이 있었다. '뭘 잘못 느꼈나?' 하고 돌아서는데 또 서늘해지면서 머리카락이 쭈뼛 서길래 다시 뒤돌아보았지만 역시 아무것도 없었다. 순간 덜컥 겁이 났다. 사실 평소에도 담이 약해 가끔 헛것을 보고 놀라는 편이었는데 또 그런 것이다. '내가 귀신에 홀렸구나' 하고 화장실로 가려는 순간, 하얀 소복을 입은 여자가 나타났다. 얼마나 놀랐는지 가슴이 얼어붙는 것 같았다. 잠시 후 나도 모르게 얼굴을 감싼 두 손을 내리면서 주위를 둘러보니 어둠만이 짙게 깔려 바람 한 점 없이 고요했다. '그래 내가 헛것을 봤을 거야. 예전에도 가끔씩 헛것을 봤으니까 말이야.' 하고 겁먹은 마음을 달래며 화장실로 가서 용변을 보는 둥 마는 둥 하고는 재빨리 내무반 안으로 돌아왔다.

다음 날, 날이 밝자마자 어젯밤 이상한 느낌이 들었던 곳으로 가 보았다. 특별하게 생각할 만한 것이 없었다.무덤 같은 것 말이다. '내가 또 뭔가 잘못 느꼈나 보다' 하고는 대수롭지 않게 생각했는데, 나중에 우연히 선임하사의 말을 들어 보니 내무반 바로 위에 있는 보급창고 앞에 시집 못 가고 죽은 처녀 무덤이 있었다는 것이다. 이 말을 듣고 귀신같은 헛것을 보았을 때보다 더 놀랐다. 왜냐하면 거기가 바로 내가 처음 서늘하게 느꼈던 쪽이었고, 그날 이후로도 가끔씩 어떤 여자 모습이주로 소복을 입은 보이는 곳이었기 때문이다.

있지도 않은 환상이라고 생각했던 소복 입은 여인은 처음에 긴 머리를 풀어헤치고 나타났다. 이목구비는 잘 안 보였지만 아주 서늘하고, 아무 표정 없는 그런 무서운 모습이었다. 계속 보이기에 한번은 마음속으로 '그렇게 나타나면 무서우니까 머리도 곱게 빗고 옷도 좀 예쁘게 입고 화장도 좀 하고 그래라' 하니 순간적으로 모습을 바꾸었다. 마치 20대 초반의 젊은 여자들처럼 몸에 살짝 붙은 셔츠와 청바지를 입고 나타났다. 머리는 생머리로 곱게 빗어 묶었는데 허리까지 내려왔고, 가볍게 화장을 한 얼굴에 입술은 분홍색 립스틱을 바른 모습이었다. 정말로 가냘프고 고와 보였는데 시간이 지날수록 빈번하게 나타나기 시작했다. 나타나는 모습도 아주 다양했는데, 중요한 것은 밤이 아닌 대낮에도 나타났다는 것이다. 혹시라도 내가 언짢게 대하거나 싫어하는 감정을 품으면 금방 하얀 소복을 입은 무서운 모습으로 변하면서 경멸하듯 나를 쏘아보는 것이 특이했다.

이렇게 계속 보다 보니 자연스럽게 친근감을 갖게 되었는데 이상한 것은 나중에 제대하고 나서는 그 여인이 더 이상 나타나지 않았고 나도 그 일 자체를 잊어 버렸다. 정말로 이해할 수 없는 기이한 일이었다.

이렇게 두 가지 이상한 경험을 하면서도 계속 수련을 했는데, 하다 보니 책에 나오는 대로 축기에 대한 화후단전 주변이 무엇인가로 빡빡하게 채워지거나 아주 뜨거운 열감이 제법 자주 있었다가 어느 정도 생겼다. '축기가 어느 정도 되었나 보다'라고 혼자 생각하고는 다음 공부를 찾았는데 쉽게 찾을 수가 없어 또 다시 서적을 뒤지다 '단전에 기운이 쌓이면 기운을 유주流注시켜야 하는데 이를 운기運氣라 한다'라는 구절을 접하고는 운기에 대한 정확한 수련법을 찾아보았지만 마음에 와 닿는 것이 없었다. 여러 군데 편지도 보내보고 서점에서 단전호흡 관련 책도 뒤져 보다 나중에는 지쳐 포기한 상태였는데, 어머니께서는 당시 내가 혹시 잘못된 것은 아닌가 하고 걱정스럽게 생각할 정도였다.

마지막 휴가를 받고 집에 갔을 때였다. 다른 군인들 같으면 밖으로 나가 세상 구경하느라 바쁠 텐데, 나는 집에 온 첫날부터 두문불출하며 방에서 수련하고 책 읽고 공상하면서 시간을 보냈다. 한번은 새벽 두세 시 즈음 일어나 단정히 앉아 수련을 하고 있는데, 누군가 문을 열고 들여다보는 기척이 나더니 마루를 이리저리 왔다갔다하는 소리가 들렸다. '누가 저리 분주히 다닐까?' 하는 생각에 수련을 중단하고 밖으로 나가 보니 어머니께서 "어쩌면 좋노, 어쩌면 좋노." 하고 어쩔 줄 몰라 하셨다. 무엇 때문에 그러시느냐고 여쭈니 대뜸 하시는 말씀이 "애야, 애야. 어쩌다가 그렇게 됐노? 군에서 몹쓸 책을 읽더니만 어떻게 잘못된 것 아닌가?" 하시는 것이다. 순간 '어머니께서 꼭두새벽에 내가 수련하는 것을 보시고는 조금 놀라셨나 보다'라는 생각이 들었다. 그래서 "어머니 제가 수련하는 것을 보고 그러시는 것 같은데 그것은 단전호흡 한 겁니더. 제가 정신이 이상해져서 그런 것이 아니라예. 안심해도 됩니더." 하면서 진정시켜 드리려고 했다. 그래도 도무지 말씀을 곧이듣지 않으시기에 날이 밝거든 작은형에게 물어보면 될 테니 우선 주무시라고 권해 드렸다. 어머니께서는 한참 동안 생각하다가 "그래. 느그 형한테 물어보면 되겠네." 하고 다소 진정된 모습으로 안방으로 들어가시기에 나도 내 방으로 들어와 잤다. 다음 날 아침에 어머니께서 작은형에게 물어보셨는지 "이거 니 형이 괜찮은 거라면서 아주 좋은 거라 그러더라."고 밝게 웃으시는 것이다. 이렇듯 수련을 하면서 웃지 못할 일도 많이 겪었다.

세월은 흘러 드디어 제대의 날이 다가왔다. 대학 입학 시절, 고등학교의 꽉 짜인 생활에서 벗어나 처음으로 젊음과 패기가 넘실거리는 '자유'를 맛보았다면, 이제는 그때보다 좀 더 성숙한 의식으로 사회라는 곳에 아직은 학생 신분이지만 돌아온 것이다.

8

친구와 만나기로 약속한 그날도 늦어지는 친구를 무작정 기다리기가 지겹고 해서 정신세계나 호흡에 관한 여러 책을 찾아보고 있었다. 이리저리 뒤적이다 책 무더기 속에서『육갑경』이라는 책을 발견했다. 내용이 궁금하여 훑어보다가 내려놓았는데, 어떤 마음에서인지 쌓아놓은 책 무더기를 계속 뒤적이게 되었다. 아래쪽으로 내려가다 보니 다른 종류의 책이 나오기에, 그 책 더미 밑에 또 다른 책이 있을 것 같아 무심결에 몇 권 더 뒤적여 보게 되었다. 그러자『천서天

書』[1]라 적혀 있는 몇 권의 책 더미가 나왔다. 이상하게 호감이 갔다. 어쩌면 호감이라기보다는 '무례하다'는 생각과 '얼마나 잘 쓴 책인지 한번 봐야겠다'는 마음에 책을 집었는지도 모르겠다. 왜냐하면 선도 공부를 하는 사람들은 하늘에 대한 경외감을 가지고 있기 때문에 자신이 저술한 책 이름으로 '天천' 자를 쓰는 것을 매우 꺼려하는데, 표지에 힘 있는 필체로 자신만만하게 적어 놓았기 때문이다. 더욱 놀랐던 것은 젊어 보이는 저자의 사진이었다. 사진 밑에는 '천서는 내가 쓴 것이 아니다. 나의 입과 나의 손만 빌렸을 뿐, 제목 그대로 하늘이 쓴 글이다. 그러므로 천서의 수련을 통하여 누구든 하늘에 들어갈 수 있다'고 적혀 있었다. 순간 '혹시 접신된 것은 아닐까? 마치 무당들이 영靈을 제압당해서 알 수 없는 말과 글을 쓰듯이 말이야'라는 생각이 들었는데, 사진 밑에 나오는 '내가 쓴 것이 아니라 나의 입과 나의 손만 빌렸을 뿐'이라는 구절 때문이었다. 하지만 뒤이어 나오는 서문을 보니 '졸자가 직접적으로 체험 체득하여 본 사실로서 … 졸자가 다년간 수련하면서 고행 끝에 얻어진 결과를 그대로 기술한 것이니'라고 되어 있었다. 또, 목차에 나오는 명확한 수련 단계를 보니 내 생각이 기우였음을 알게 되었다.

---

1) 현재 『천서』는 그 내용을 증보하여 『석문도법』석문출판사, 2011|한기 23년 11월 30일으로 발간되고 있다.

이 당시 나는 '어떻게 하면 단전에 모인 기운을 운기할 수 있을까? 운기 수련에 대해 자세히 설명해 놓은 책은 없을까?' 하고 운기에 대해서 상당히 목말라 있었는데, 목차를 보니 '제4장 운기'가 나왔다. '대맥운기, 소주천 … 기화신'이라고 차례대로 적혀 있어 그 부분부터 펼쳐 보았다. 63쪽 맨 밑줄 '기氣를 움직이는 구체적인 방법으로 제일 먼저 시도되어야 하는 첫 번째 관문이 대맥이다'로 시작하는 「대맥운기」편은 개략적인 대맥운기에 대한 지식과 실질적인 수련을 상세하게 설명해 놓았다. 순간 가슴이 뭉클해지면서 '그래 이거다, 바로 이거야. 내가 그 동안 수없이 찾아 헤매던 것이 바로 여기에 숨어 있었구나' 하는 생각에 단 한 줄도 놓치지 않으려고 눈을 크게 뜨고는 책 속에 빠져들어 갔다.

한참 동안 깊이 몰입하여 책을 보다가 누군가 어깨를 쳐서 깨어났다. "언제 왔냐?" 아주 귀에 익은 목소리가 들려와 돌아보니 만나기로 한 친구가 약간 머쓱해하면서 서 있었다. 시계를 보니 약속 시간보다 45분이나 지났다. 친구의 여러 가지 변명이 약속시간에 늦은 사람이라면 누구나 하는 말들처럼 나오고, 나는 정겨움 반 화풀이 반으로 친구의 등을 세게 쳤다. 그러고 나서는 커피숍으로 자리를 옮겼다. 그간의 안부를 묻는 등 몇 마디 이야기가 오갔다.

친구는 고등학교마산 중앙고등학교 동기생으로, 하숙집에서 처음 알게 되었다. 학교 동기생이자 하숙집 동기생인 우리가 서로 마음의 문을 열게 된 계기는 '감기약' 때문이었다. 어느 날 학교를 마치고 하숙집에 와 보니 이 친구가 백지장처럼 하얀 얼굴로 식은땀을 흘리면서 계속 기침을 하고 있었다. '객지에 나와서 아픈 것만큼 서러운 것이 없는데…' 하는 측은한 생각에 어떻게 아픈지 증상을 세심히 묻고 나서 아무 말 없이 밖으로 나왔다. 약국에서 약을 지어 다시 방으로 돌아와 보니 더 심하게 기침을 하고 있어서 얼른 약을 먹이고는 잠을 재웠다. 며칠 뒤 고향에 다녀오면서 먹을 것을 푸짐하게 사들고 돌아온 친구는 "약값이라고 돈을 주면 성의를 무시하는 것 같고 해서 과자나 먹으면서 이야기라도 했으면 해서…."라고 했다. "감기약 정말 고마웠다. 덕분에 빨리 회복된 것 같아."라고 한마디 덧붙이면서 말이다. "별일도 아닌 걸 가지고 번거롭게…." 괜스레 쑥스러워 말을 채 다 잇지도 못하고 피식 웃어 버렸다.

그후 우리는 남달리 가까운 친구로 지냈다. 커피숍에서 친구는 군 생활에 대해 이런저런 이야기를 하는데 내 시선은 자꾸 『천서』로 갔다. 그런 내 시선을 친구도 의식한 듯 약간 불쾌한 어조로 "그게 무슨 책이냐?" 하고 물었다. 친구의 말에 다소 미안해진 나는 궁금하면 직접 읽어 보라는 투로 넌지시 건넸다. "흥미 있으면 한 권 사주랴?" 하니 "너, 아직도 이런 책 읽고 있냐? 네가 이런 책을 읽고 구도행각求道行脚 하는 것을 좋지 않게 생각하거나 핀잔을 주고 싶지는 않다. 그렇다고 칭찬하고 싶은 마음은 더욱 없지만. 다만 친구니까 이해하려고 하는 것뿐이다. 그런데 내게 강요하지는 않았으면 좋겠다. 너도 알다시피 이런 공부는 마음이 있어야 할 수 있는 거잖아. 구도하는 생활은 정말 훌륭하고 또 앞으로 나도 해 보고 싶은 마음이 없는 것은 아니지만, 지금은 때가 아닌 것 같다. 어쨌든 사람은 제각기 가야 할 길이 있는 거고, 한번 시작한 일이니 열심히 수행해 봐라." 하는 꾸짖음 반 격려 반을 들었다. '그래도 날 이해하려고 하는 친구가 하나라도 있으니 아직 실패한 인생을 살고 있는 것은 아니구나' 하는 생각에 내심 기분이 좋아졌다. 주변의 차가운 시선에도 친구의 격려 덕분에 내 자신의 신념을 굳건히 지킬 수 있었는지도 모른다. "나중에 공부가 깊어지거든 모른 체나 하지 마라." 하는 친구의 말을 뒤로 한 채 아쉬운 작별을 하고 집으로 돌아왔다.

9

다음 날 해가 뜨자마자 서울행 버스에 몸을 실은 나는 서울고속버

스터미널에 내리자마자 출판사로 전화를 해서 『천서』의 저자인 한당欄堂 선생님의 거처를 물었다. 책 서문에 '수원 우만정사'라고 나와서 선생님께서 수원에 거居하고 계실 줄 알았다. 그런데 출판사에서는 의외로 서울 양재동에 도장을 여셨다고 했다. '바로 수원으로 갔으면 큰일 날 뻔했네. 출판사에 전화하길 잘했지'라는 안도감이 들었다. 도장 전화번호를 알려주기에 바로 도장으로 전화를 걸었다. "예. 도화제2) 선도원입니다." 누군가 맑은 목소리로 전화를 받기에 떨리는 목소리로 도장의 위치와 차편을 묻고는 당장이라도 가서 선생님을 만나 뵙고 싶다고 하니 내일 오후 3~4시경에 오라고 했다. 지금 가면 안 되냐고 하니 "지금은 선생님께서 출타 중이시라 오셔도 만나 뵐 수가 없습니다." 하는 것이다. 어쩔 수 없이 내일을 기약하며 수화기를 내려놓았다. 순간 세상 모든 시간이 정지한 듯한 기분이 들었는데, 아마 기대감 때문에 마음이 다소 조급했었나 보다.

같은 날 오후, 대학교 친구에게 전화를 해서 청량리에서 만나자고 약속을 했다. 청량리의 밝은 네온사인 속에서 만난 친구는 제대 후 처음이라 그런지 아주 반겨주며 만나자마자 기뻐서 어쩔 줄 몰라했

---

2) 개문開門 초기 석문도문石門道門의 명칭이다. 자세한 뜻은 『석문도담-한조한당도담』 석문출판사, 2011 | 한기 24년 6월 6일 '일러두기'에 수록되어 있다.

다. 반쯤 감긴 눈에 입도 크고 얼굴도 큰 친구는 넉넉한 웃음으로 내가 하는 이런 저런 질문에 대답을 하면서 장소를 호프집으로 옮겼다. '어쩌면 나는 세상에서 가장 행복한 사람인지도 모른다. 만나고 싶을 때 만날 수 있는 친구가 있고 만나서 반겨주는 친구가 있으니 말이다'라는 생각으로 그날 하루를 흐뭇하게 보냈다.

10

다음 날, 드디어 『천서』의 저자 '한당'이라는 분을 만나 뵈러 가게 되었다. 양재역으로 향하는 전철 속에서 알 수 없는 흥분과 전율감을 느꼈다. 그런데 가슴속 깊은 곳에서 이유 없는 한 줄기 두려움도 일어나 마음이 혼란스러웠는데, 목적지에 도착하기 전까지도 그랬다. 지하철에서 내려 버스를 갈아타고 목적지에 도착해서 다소 진정된 마음으로 버스에서 내려 출판사에서 알려준 대로 걸어가니 5층 건물의 3층에 '도화제 선도원'이라는 글자가 눈에 들어왔다. 순간 나는 걸음을 멈추었다. 갑작스레 밀려오는 두려움과 설렘으로 마치 결전을 앞둔 장수처럼 한참 동안 건물을 주시하며 서 있었다. 그러다 굳게 결심을 하고 엄숙한 표정으로 발걸음을 다시 옮겼다. 승강기를 타고 3층에 내려 도장 문을 열고 안으로 들어서니, 어딘가 모르게 오래전부터 알았던 것 같은 낯익음과 아늑함이 느껴졌다. 건물을 막 들어섰을 때 느꼈던 칙칙하고 서늘한 분위기를 단번에 일소一消해 버리는 것이다. 알 수 없는 편안함에 마치 우리 집인양 소파에 털썩 앉았다.

상담실에는 나이가 지긋해 보이는 어떤 분이 사범인 듯한 분과 상담을 하고 있었다. 중년을 넘긴 듯한 그분은 선도 공부를 18년간 하고 있는데 지금 수원에 살고 있다고 자신을 소개했다. 『천서』를 읽고 한당이라는 분을 만나 뵙고자 왔다면서 그간 수련 중에 겪었던 일과 느꼈던 기감을 이야기했다. 그 내용을 모두 기억할 수는 없지만 대략 이런 이야기였다.

"처음 절에서 선禪 공부를 할 때 편차偏差[3]에 걸려 몸이 빳빳하게 굳으면서 통증이 너무 심해 여러 병원과 한약방을 찾았습니다. 하지만 병명을 알 수 없었고 치료 또한 차도가 없어 공부를 그만두고 침을 배워 직접 시술해 보았지요. 나중에 호흡수련을 해 보니 단전 부근이 후끈후끈하게 뜨거워지는 현상이 일어났습니다. 요즈음 몸 전체

---

3) 편차偏差는 수련을 잘못해서 생기는 증상들을 말하며 주화입마走火入魔라고 부르기도 한다.

가 백회에서부터 시원해지는 느낌이 드는데 가끔은 마치 소나기 내리듯이 시원한 기감이 옵니다. 그래서 내 공부가 얼마나 진척되었는지 여쭤 보고 싶어 어렵게 걸음을 했습니다."

사범인 듯한 분은 그분의 말을 한참 경청하다가 이렇게 말했다. "한당 선생님께서는 지금 부재 중이시고, 말씀하신 감각들이 실제 본인께서 강하게 느끼신 것이라 하더라도 단순히 생기적 차원에서 일어난 화후이므로 감각에만 너무 빠져들면 좋지 않습니다. 제가 이런 말씀드리면 기분 나쁘실 수 있겠지만, 호흡으로 들어온 기운을 모을 수 있는 단전자리를 생성시키지 않고 수련을 하셨기 때문에 체내로 유입된 강한 기운들이 단전에서 갈무리되지 못했습니다. '마음이 가는 곳에 기氣가 간다'는 옛 고서古書의 이야기처럼 갈무리되지 못한 기운이 지금 약간 위로 떠 있는 상태입니다. 이러한 증상은 기氣 수련의 부작용 중에서도 '상기증上氣症'이라고 하는 것으로 가장 흔하면서도 고치기 어려운 증상입니다. 올바른 수련을 하시려면, 먼저 단전자리를 생성시켜 떠 있는 기운을 단전으로 갈무리하고 안정을 찾은 다음에 다음 단계의 수련을 시작해야 합니다. 그리고 호흡으로 끌어들인 기운이 다 진기眞氣라고 생각하시면 곤란합니다. 과거 고인古人들께서는 들이마신 기운이 다 진기라 여기고 수련하셨는데, 한당 선생님 말씀으로는 진기眞氣와 생기生氣가 있다고 합니다. 생기는 말 그대로 사람이 살아가는 데 필요한 기운이고, 진기는 단순히 생명을 유지하는 데 필요한 그 이상의 초자연적이고 우주적인 기운을 말합니다. 실제 수련을 해 보면, 생기는 다소 가볍고 빠르며 표피로 도는 듯한 느낌이 있고 진기는 느리고 중후하며 몸 안으로 도는 듯한 느낌이 듭니다. 그러나 생기 또한 기氣여서 그 감각이 진기와 별다른 차이가 없기 때문에, 느껴지는 감각만 가지고 수련의 정도를 판가름하는 것은 조금 생각해 볼 필요가 있습니다. 그러니 일단 본인의 감각은 잠시 뒤로 하시고 저희 도문에서 수련하시면서 그러한 차이점을 스스로 느껴 보시는 것이 좋습니다. 한당 선생님께서 진법체득眞法體得이라 말씀하시듯이 이 공부는 머리로 하는 것이 아니라 온몸으로 하는 것이니까요."

그러나 상담받는 분은 시종일관 수긍할 수 없다는 표정이었다. 그동안 본인의 기감이 너무나 뚜렷하고 강하게 느껴졌기 때문에 선생님을 직접 뵙고 여쭙고 싶으니 만나게 해 달라고 조르는 것이었다. 사범인듯 한 분은 "앞서 말씀드렸듯이 선생님께서는 지금 부재 중이십니다. 그간 공부하신 것을 확인하는 것도 필요하겠지만 석문호흡을 체험해 보시고 스스로 비교해 보는 것도 괜찮으리라 생각합니다." 그러나 그분은 막무가내로 선생님을 뵙고 싶다고만 하셨다. 옆에서 지켜본 나의 짧은 소견으로는, 그분은 18년이나 했던 자신의 공부에 상당한 자신감을 가지고 있는데 그것이 하루아침에 뜬구름이 되니 못 믿어 하는 것 같았다. 그러니 선생님과 상담을 해서 사범의 말이 틀렸다는 것을 확인하고 싶어 하는 것 같았다. 어쨌든 약간 불쾌한 감정이 담긴 말이 그분에게서 나왔고 상담한 사범도 좀 굳은 표정으로 이야기를 하다 보니 자연 서로 언성이 높아졌다.

상황이 시끄러워지자 사범실에서 누군가가 나왔다. 그 사람이 바로 나를 도문道門으로 인도한 김 사범⁴⁾이었다. 김 사범은 나오자마자 상담하는 사범에게 "내가 상담하겠으니 들어가서 잠시 진정하세요." 하고는 앞에 앉아 있는 분에게 "죄송합니다. 근래에 하도 이상한 분들이 많이 오셔서 이상한 말을 많이 하고 가는 바람에 우리 사범이 또 그런 분인 줄 잘못 알고 잠시 흥분했나 봅니다. 이해해 주시고 저와 상담을 하시죠." 하는 것이다. 그분은 한참 상담을 더하고 나갔는데, 바로 입회하지는 않았고 아마 며칠 지나서 등록하고 수련을 시작했을 것이다.

---

4) 수자修者, 사범士範, 교사敎士, 단사丹士, 경사經士, 명사明士, 문사門師는 당시 실무진 직급 중 하나이다. 당시 직급에 관한 설명은 『석문도담-천광천로3』의 한기 13년 2월 6일2001년 2월 28일 수련일지에 자세히 수록되어 있다.

상담이 끝나고 상담실은 다시 조용해졌다. 곁에서 묵묵히 이야기를 듣고만 있던 나는 '입회해서 수련하기가 힘들겠다' 싶어서 상담을 요청하지 않았다. 왜냐하면 그 당시 경제적인 형편 집에서 송금해 주는 30만원으로 방세 15만 원, 식비 10만 원 정도를 쓰면 책 사기도 부족했다 으로는 도저히 회비를 내기 힘들었기 때문이다. '세상에 그렇게 찾던 공부를 드디어 만났는데 돈이 없어서 할 수 없다니 이보다 더 안타까운 일이 있을까?' 내심 서글펐지만 내색하지 않으려고 애썼다. 다만 '분위기가 아늑하고 좋으니 조금만 더 있다 가자'라는 마음으로 앉아 있는데, 김 사범이 "어떻게 오셨습니까? 아아, 상담 하시려구요?"라고 물었다. 특별히 대답하지 못하고 고개를 숙인 채 손으로 머리를 긁으면서 "그게… 그냥, 책을 읽고 한번 찾아와 본 것뿐입니다."라고 말했다. 그 때 김 사범은 "학생이십니까?"라고 물었다. 맞다고 하니 "실례인지 모르겠지만 어디 다니십니까?"라고 연이어 물어 "고려대 다니는데요."라고 했다. 그러자 김 사범의 얼굴이 약간 달라지면서 다소 반가운 표정을 짓기에, '아, 선배인가 보다' 싶은 찰나에 무슨 학과 몇 학번인지를 또 물어 "불문학과 88학번인데요."라고 하니 "나는 사범대 83학번입니다. 이거 여기에서 우리 후배님을 만나게 되었네요. 세상 참! 인연이란 알 수 없는 겁니다. 자, 안으로 들어갑시다." 하고 권했다.

김 사범은 나를 사무실 안으로 데리고 들어가서는 녹차를 먹어 보았냐고 친근한 어조로 물었는데, 사실 나는 그때 '녹차'라는 것을 처음 접했다. 그래서 "아니, 처음입니다." 하고 약간 수줍어하며 대답하니 "정말로 훌륭한 차茶니 한번 먹어 보세요."라고 권하면서 다상茶床|나중에서야 정식 명칭을 알았다을 차리고는 아래 사범으로 보이는 분에게 물을 한 주전자 가져오라고 했다.

차를 정성스럽게 내어서 한 잔을 권하는데 이걸 어떻게 먹어야 할지를 몰라 잠시 머뭇거리고 있으니 김 사범은 왜 망설이냐며 한 번 더 권했다. 눈치를 보며 먹기는 했는데 이게 도무지 무슨 맛으로 먹는지 의심스러울 정도였다. 맛이 어떠냐고 김 사범이 은근히 물어보기에 "혹시, 시래깃국 먹어 보셨습니까?"라고 동문서답하듯 되물으니 김 사범은 의아해하며 먹어 보았다고 했다. 그래서 "이 녹차라는 게 맛이 꼭 시래깃국 맛 같습니다. 무슨 맛으로 먹는지 도무지 이해가 가지 않는군요." 하니 주위의 다른 사범들이 함께 박장대소하며 "그래요. 처음에는 특별한 맛을 느끼기가 조금 힘들 겁니다. 그래도 시래깃국 맛이라고 하는 것은 좀 지나친 것 같네요." 하면서 "그래, 우리 도문을 어떻게 찾아오게 되었지요?"라고 물어보았다.

나는 지난 과거 이야기와 이곳까지 찾아오게 된 이유를 간략하게 설명하고는 약간 근심 어린 표정이 되었는데, 김 사범은 그것을 감지하고는 무슨 고민이 있냐고 정감 어린 목소리로 물었다. 나는 경제적인 형편 때문에 지금은 배울 수가 없겠다고 말했다. 나중에 취직하고 나서야 할 수 있겠다고 솔직히 지금의 사정을 이야기하고는 아무 맛도 없는 적어도 당시는 그랬다 녹차를 먹고는 잔을 내려놓는데, "그러면 일단은 입회원서만 쓰고 그냥 와서 수련을 하세요. 공부하고 싶은데 돈이 없어서 못하는 것만큼 서러운 것이 있겠습니까? 우리 도문은 돈 버는 것을 주된 목적으로 개문開門한 것이 아닙니다. 한당 선생님의 진법眞法을 많은 세상 사람들에게 전해서 다 함께 더불어 살 수 있는 밝은 사회를 만들고자 한 것입니다. 그런데 공부하고자 하는 사람의 의지를 돈 때문에 막을 수야 없지요. 그러니 와서 일단 수련하면서 차츰 생각해 봅시다. 내가 그 정도는 해 줄 수 있습니다. 대신 도복은 몸에 맞는 것을 주기는 힘듭니다. 수련하다 그만두면서 도복을 남겨 놓고 가는 분들이 간혹 있는데, 그 옷 중에서 골라 입어야 하니까요." 하는 것이다. 나는 혹시 내가 잘못 들었나 싶어 김 사범을 쳐다보며 "정말로, 그냥 와서 수련해도 됩니까?" 하고 재차 확인하니 김 사범은 웃으면서 "물론이지요!"라고 말했다. 너무나 기뻐서 어쩔 줄 몰라 하면서도 한편으로는 부담스러웠다. "부담 갖지 말고 수련하고 대신에 청소 같은 거나 가끔씩 도와주고 하세요." 김 사범은 이렇게 말하면서 입회원서와 도복을 가지고 오라고 다른 사범에게 이르니 이내 가져왔다.

가져온 입회원서에 성명과 주소를 쓰고 수련 동기 칸에는 '인연 따라'라고 적었다. 수련 목적 칸에 '도통道通'이라고 적는데, 김 사범은 "허허, 수련 동기를 '인연 따라'라고 적는 사람이 여기 또 있네요." 하면서 나를 한 번 더 쳐다본다. 입회원서의 공란을 채우던 나는 "그러면 나 말고 또 다른 분이 이렇게 적으셨나 보죠?"라고 물으니 그냥 말 없이 고개만 끄덕이는 것이다. 마치 무엇인가를 생각하는 것처럼.

같이 함께 더불어
석문도문

天光天路

와식

臥息

어렵게 입회하고는 수련 지로를 받기 위해 도복으로 옷을 갈아입는데 사이즈가 '특대'였다. 얼마나 큰지 허리는 나 같은 사람 두 사람은 족히 들어갈 것 같았고, 바지 길이는 몇 겹이나 접었는데도 바닥에 닿았다. 김 사범은 지금 여분이 그것뿐이라며 못내 미안해했다. 나는 빙그레 웃으면서 "수련만 할 수 있으면 되었지, 도복이야 아무려면 어떻습니까?" 하니 "그렇게 입으니 꼭 논일하다 온 사람 같은데요." 하면서 덩달아 웃는다. 바지가 너무 커서 몇 번을 접다 보니 양쪽 가랑이의 높낮이가 서로 다르게 되었고 그러다 보니 꼭 논일하다 온 사람처럼 보였던 것이다. 우리는 서로 웃으면서 장소를 수련실로 옮겼다.

김 사범은 누워 보라고 말하고는 책장에 있던 양재동 본원에는 책장이 상담실에 있지 않고 수련실에 있었다 조그마한 통에서 무엇인가를 가져왔다. "수련을 하기 위해서는 단전丹田자리부터 잡아야 합니다. 단전자리가 뭔지는 알지요?" 하기에 "『천서』에서 대략 읽기는 했는데 정확하게 알지는

못합니다." 하니 내 두 손을 가지고 단전의 중심이라는 석문혈石門穴
을 취혈取穴하면서 간략하게 설명해 주었다.

"단전자리를 잡는다는 것은 호흡을 통해 체내로 유입되는 진기를
모을 수 있는 석문단전을 정확하게 잡는 것을 말하는데, 선도 서적
에서는 단전 위치를 신腎과 신腎 사이 즉, 신장과 신장 사이의 임의
의 빈 공간이라고 기술하고 있습니다. 다시 말해서, 단전은 인간이
면 누구나 가지고 있지만, 선도수련을 하지 않는 사람의 단전은 기氣
를 모을 수 있는 잠재적인 힘은 가지고 있으나 비어 있는 공간과 마
찬가지라는 것이지요. 우리 도문에서는 어떤 자세로 호흡을 하더라
도 그 빈 공간에 들어오는 기운을 모두 갈무리하여 모을 수 있는 중
심점을 초심자에게 먼저 형성시키는데 이것을 '단전자리를 잡는다'
혹은 '단전그릇기氣를 물이라고 보면 단전은 그릇과 같은 것이기 때문이다을 형성한다'
라고 표현합니다."

김 사범은 석문혈을 취혈해서 단전테이프수련 초기에 석문단전을 표시하고 잘 인
식할 수 있도록 하기 위해서 붙이는 동그랗게 자른 파스 같은 것을 말한다를 붙이려다가 잠시
머뭇거렸다. 왜 그러냐고 물으니 "석문혈에 짙은 자국 같은 게 있는
데 본래부터 있었던 겁니까?"라고 다소 놀란 듯이 말했다. 나는 잠
시 고개를 들어 김 사범이 가리키는 곳을 보고는 웃으면서 "아아, 그

거요. 군에 있을 때 이유를 알 수 없는 피부병이 있었는데 그 때 너무 가려워서 긁었더니 그렇게 흔적이 남았습니다."라고 하니 김 사범은 "하늘이 수련을 돕기도 하는구나."라고 낮은 소리로 중얼거렸다. 그러더니 이내 아무렇지 않은 표정으로 와식 수련 자세와 석문호흡 방법을 설명했다. "호흡을 통해 들어오는 진기를 단전에 모으려면 먼저 최대한 몸을 편안하게 이완하고 그 다음 테이프를 붙인 석문단전에 의식을 집중한 다음…." 나는 김 사범의 설명을 모두 이해하지 못하고 대강만 알아들었다. 그중에 '단전에 의식을 집중하라'는 말이 대체 무슨 뜻인지 몰라서 물으니 김 사범 말이 아주 인상 깊었다. "자꾸 하다 보면 알게 됩니다." 연정원을 만든 봉우 권태훈 옹의 말처럼 '거거거중지 행행행리각 去去去中知 行行行裏覺 | 가고 가고 가는 가운데 알게 되고, 행하고 행하고 행하는 가운데 깨닫게 된다' 이라는 것이다. 사실 '단전에 의식을 집중하라'는 의미는 김 사범의 말처럼 계속 수련하다 보니 저절로 알 수 있었는데, 거의 와식 수련이 끝나갈 무렵이었으니 나는 와식에서 좌식 수련까지 3개월이 걸렸다. 실로 호흡공부가 쉬운 것 세간의 많은 사람들이 호흡이 뭐가 그렇게 힘들겠냐고 하지만 은 아니라는 것을 알게 되었다.

어쨌든 내게는 이뿐만 아니라 '아랫배를 지긋이 내미는 것', '호흡을 본인의 폐활량에 맞게 하되 가늘고 길고 깊게 하는 것' 등등 넘어야 할 산이 아주 많았다. 이 모든 것을 머리로 알려고 할 때는 어려웠는데, 매일 매일 꾸준히 수련을 하다 보니 머리가 아닌 온몸으로 느낄 수가 있었다. 누가 만약 와식 수련에 대해서 지금 내게 묻는다면 나는 이렇게 말할 것이다.

석문호흡에서 말하는 와식 수련은 전 수련 과정에서 제일 중요한 단전자리를 잡는 과정입니다. 이후의 모든 수련단계는 '석문'이라는 곳에 단전그릇이 정확히 형성되고 단전그릇에 축기된 진기를 통해서 이룰 수 있는 것입니다. 석문호흡은 '얼마나 많은 진기를 체내로 유입시켜 석문단전에 모으느냐'가 요점입니다. 여기에 제일 중요한 것이 의식을 단전에 모으는 집중력, 즉 '의수단전意守丹田'이며 그 다음이 호흡을 고르는 '조식調息·造息'이나 사실 이것은 기氣를 석문단전에 모으기 위한 환경이므로 항상 똑같지는 않습니다. 사람에 따라서, 또는 수련할 당시 수련자의 몸 상태나 주변 기운의 상태나 의식의 집중 상태 등에 따라서 달라질 수 있습니다. 뿐만 아니라 매 단계마다 호흡이나 기감 등이 조금씩 달라지므로 수련자는 무엇보다 석문단전에 대한 집중력과 자기 자신에게 맞는 물론 기본적인 조식법을 인식해야 겠지만 매 단계의 호흡법을 찾도록 노력해야만 할 것입니다."

김 사범은 와식 자세와 방법에 대해 설명한 다음, 수련 시간에 진행하는 체조와 행공行功을 알려 주었다. 행공은 본本수련인 석문호흡을 하기 전에 하는 일종의 동작으로, 특정한 자세를 취해 온몸의 기혈을 어느 정도 유통시켜 육신의 건강을 도모하면서 몸을 충분히 이완시켜 호흡을 잘 할 수 있게끔 도와주는 수련이라고 했다. 체조는 간단히 몸을 푸는 정도였고, 행공은 매 단계마다 달랐는데 그 당시는 모두 11가지 동작이며 와식 수련을 하는 초심자가 하는 행공법을 북선법北仙法이라고 설명해 주었다. 북선법은 대체로 쉬웠으나 8번과 10번이 조금 힘들었다.[5] 김 사범은 8번 같은 동작은 허리가 약하거나 하체를 잘 사용하지 않는, 그러니까 차를 오랫동안 운전하는 업종에 종사하는 분들에게 더할 나위 없이 좋은 동작이라고 덧붙여 설명했다.

이렇게 첫날 정규 수련을 한 번 하고 나니 머리가 맑아지는 듯 했는데, 나중에 들은 이야기지만 호랑이 그림 중개업을 한다는 선호 도반은 첫날 수련을 한 번 하고 17년간 앓던 고질병인 허리병이 나았다고 한다. 나는 그 정도의 효과는 아니었지만 굉장히 기분이 산뜻해졌다. 며칠 더 수련을 하니 단전 부분이 가끔씩 따뜻해지기도 하

---

[5] 당시 행공은 11가지 동작으로 구성되어 있었다. 지금은 천지인조화역사의 흐름과 형국에 따라 한기 23년 12월 8일2012년 1월 1일부터 행공마다 한 동작씩 추가되어 모두 12가지 동작으로 12행공체계를 갖추게 되었다. 여기서 북선법 8번과 10번은 현재 북선법 9번과 11번이다.

고 바늘로 콕콕 찌르는 듯한 가벼운 통증이 생기기도 하고 가렵기도 하는 등 여러 가지 기氣적인 반응이 생기기 시작했다.

또 며칠 수련하니 이번에는 단전 부위가 가렵다가 조금 지나 강한 열감 같은 것이 느껴졌다. 단전테이프를 짚은 손가락이 뜨거울 정도였는데, 나중에는 손가락이 감전된 것처럼 찌릿찌릿 해지더니 팔까지 마비되는 느낌이 들었다. 말로 형언할 수 없는 이상한 현상이었다. 이런 현상이 며칠간 계속되자 종래는 내가 수련을 잘못하고 있는 것 아닌가 하는 두려운 마음이 일어났다. 김 사범에게 물어 보니 그 또한 기적인 반응으로 단전丹田에 기氣가 충만히 모이다 보니 손가락을 통해서 팔까지 전이되어 마치 감전된 듯한 느낌이나 마비된 듯한 멍멍한 느낌을 받은 것이라고 설명해 주었다.

수련을 시작한 지 얼마 되지 않아서 이런 기적인 반응인 화후를 비롯해 여러 가지 명현반응이 나타났는데, 명현반응에 대해 도문의 스승이신 한당 선생님의 말씀을 인용하면 다음과 같다.

"명현과 병증은 한쪽은 치료, 한쪽은 발병이라는 면에서 본질적으로 전혀 다르지만, 그 증상이 거의 비슷하게 나타나기에 수련자가 직접 판단하기 어려운 것이 사실이다. 수련자 본인이 명현과 병증을 구별

할 수 있는 방법은 다음과 같다. 먼저 예전에 앓았던 부위가 갑자기 아프면 그것은 명현이다. 그 아픈 감각이 이전의 아픈 감각과는 다르게 느껴질 때 그 또한 명현반응이다. 예를 들어, 수련 초기에 몸의 사기가 빠져 나오면서 설사를 하는 경우가 있는데, 복통으로 인한 설사는 뒤끝이 개운치 않지만 명현으로 인한 설사는 오히려 시원하고 개운한 느낌이 든다. 이와 같이 정상으로 돌아가기 위해 나타나는 반응을 명현반응호전반응이라고 한다. 명현반응은 병증이 개선되고 있다는 징후로서, 크게 다음의 네 종류로 나눌 수 있다.

첫째는 과민반응이다. 급성의 증상이 오래되어 만성의 상태로 고착되어 있을 때 병에 대한 강력한 치료가 더해지면 만성 전의 급성 상태로 잠시 돌아가므로, 급성 때 나타났던 증상이 다시 느껴지기도 한다. 또 여러 군데의 상태가 좋지 않을 때는 제일 안 좋은 곳부터 반응이 나타나면서 호전이 되고, 그 다음 안 좋은 부분이 차례대로 나타난다. 그래서 시간을 두고 끈기 있게 관리할 필요가 있다설사, 통증, 부종, 한열 등. 둘째는 이완반응이다. 이제까지 병病에 걸려 있던 장기臟器가 본래의 기능을 회복하기 시작하면 다른 장기는 그 병증 상태에 맞춰서 활동하고 있었기 때문에 일시적으로 각 기관의 불균형 상태가 일어난다. 그러나 조금 지나면 안정이 된다나른함, 졸림 등. 셋째는 배설작용이다. 몸의 해독작용으로 체내의 노폐물, 독소, 피로소가 분

해 배설될 때 나타나는 반응이다. 땀, 소변, 피부 등에 반응이 나타난다두드러기, 가려움, 눈곱, 피부, 냄새 등. 넷째는 회복반응이다. 지금까지 혈액순환이 나빴던 곳이 개선되면서 울혈 상태로 있던 혈액이 일시적으로 돌기 시작할 때 나타난다. 혈액이 정화되고 혈액 순환이 잘됨에 따라 상태가 좋아진다한열, 통증, 구토, 복통, 나른함 등. 그러나 이런 명현반응을 스스로 판단하기 힘들 경우에는 도장의 실무진6)과 상의하는 것이 좋다."

한번은 어떤 도반의 차를 타고 양재역까지 가는 도중에 눈이 너무 아파 한참 동안 손바닥을 얹고 있었다. 그분이 눈이 아프냐고, 언제부터 그랬냐고 묻기에 수련 시작 후 며칠 지나 이렇게 눈이 따갑고 아파서 잘 뜰 수도 없다고 하니 웃으면서 이렇게 말했다. "명현반응입니다. 나도 이 도장에 오기 전에 다른 곳에서 호흡 수련을 한 적이 있었는데, 며칠 지나니까 눈이 화끈거리면서 아프기 시작하더니 나중에는 한참 동안 눈을 뜰 수가 없더라고요. 그래서 지로 사범에게 물었더니 명현반응이라는 겁니다. 아마 며칠 가다가 언제 그랬냐는 듯이 증상이 없어질 겁니다. 우리 젊은 도반은 반응이 빨리 오는군

---

6) 실무진實務陣은 지로사指路士의 옛 명칭이다. 지로사란 석문도법을 근간으로 하여 모든 인류가 하늘의 근본자리를 찾고 완성의 존재인 도인道人으로 거듭날 수 있도록 그 길을 안내하며, 나아가 무량한 시공간의 모든 존재를 완성의 길로 지로指路하는 존재다.

요." 하기에 "명현반응이 뭔가요?"라고 물으니 친절히 설명해 주는데 대략 앞에서 인용한 한당 선생님 말씀과 같았다.

수련 중에 손발이 엄청나게 차가워진 적도 여러 번 있었다. 혹시 창문을 열어 놓았나 하고 와식 수련을 할 당시 날씨가 쌀쌀했다 눈을 떠 보면 창문이 굳게 닫혀 있어서 잘못 느꼈나 싶어 다시 눈을 감고 수련을 하면 또 손발이 얼음 덩어리마냥 차가워졌다. 나중에 김 사범에게 물어보니 체내의 사기邪氣, 즉 병기病氣가 다량으로 많이 빠져나갈 때 손과 발 같은 예민한 부분에 그런 증상이 많이 나타난다고 했다. 또한, 피부표면으로 개미가 기어가는 느낌이나 피부가 실룩실룩거리는 현상들도 있었다. 김 사범은 수련 중에 이러한 현상이 생기면 느껴지는 감각 쪽으로 의식을 분산시키지 말고 계속 석문단전에 의식을 집중해야 된다고 했다. 그 이유는 손이나 발과 같은 예민한 곳뿐만 아니라 그 이외의 부분에 생기는 기氣적인 반응은 말 그대로 기氣적인 반응일 뿐이지 그것이 어떤 수련의 계제를 말해 주는 것은 아니라고 했다. 즉 각 수련단계마다 여러 가지 화후나 증상이 나타날 수도 있으나 이러한 증상이나 화후 자체가 각 수련단계의 진전을 의미하는 것은 아니라는 뜻이다. 뿐만 아니라 이 공부는 오로지 석문단전에 얼마나 많은 진기를 모아서 얼마나 많은 경락을 유통시켜 안정을 시켰냐에 달려 있다고 수심修心이란 부분을 제외한다면 했다. 반응이 느껴지면 '아, 이런 현상도 있구나' 하는 정도만 생각하고 더 이상은 의식을 분산시키지 말고 그럴수록 더욱 석문에 집중하여 수련해야 한다고 설명했다.

내게는 이뿐만 아니라 또 다른 명현반응이 있었는데 바로 두드러기와 가려움증이었다. 신경성 대장염을 앓고 있던 나는 수련을 얼마간 하고 나니 한동안 통증이 없었던 오른쪽 옆구리 부분예전부터 많이 앓아 왔던 곳이었다이 다시 아프기 시작했다. 심하게 아플 때는 세 발짝 이상 걸을 수조차 없을 정도였다.

군대 가기 전에 이런 통증이 느껴져서 혹시 맹장염인가 싶어 병원을 찾아가 진찰을 받아보니 의사는 맹장염이 아니라 대장에 변이 끼어서 그런 거라고 했다. 그 말대로 한동안 통증이 가끔씩 있더니 어느 날 갑자기 배가 너무 아팠다. 급히 화장실을 찾았는데 마치 숯처럼 까만 변이 나오는 것이다. 나중에 알고 보니 이것이 숙변이었다. 그 이후로 푸르스름한 변을 설사하듯이 하고 몸에 한기가 들면서 몸살 같은 증상을 보이다가 나중에는 온몸이 가려우면서 두드러기가 나기 시작했다. 아마 군에 있을 때 이유를 알 수 없던 피부병도 명현반응이 아니었나 싶다.

어쨌든 이 두드러기 증상으로 한 달 가량 고생을 했는데 정말 참기 힘들었다. 그런데 내가 이 증상을 앓은 지 한 달 쯤 지났을 때 부산에 있는 도반이 온몸에 벌겋게 두드러기가 나서 상경_{당시에는 도장이 서울 양재동에 하나밖에 없었으므로 그 이외의 지역 도반들은 한 달에 한 번씩 서울에 올라와서 수련을 하고 점검을 받은 후 다음 한 달 동안 해야 할 공부를 지로 받고 내려갔다.}을 했다. 그분이 아주 걱정스러운 표정으로 한당 선생님께 문의 하니 선생님께서는 "그것은 명현반응입니다. 주로 대장이 안 좋은 사람들이 수련을 하다 보면 피부에 명현반응이 잘 일어나는데 계속 수련하면 자연스럽게 없어집니다."라고 말씀하셨다. 이후 그 도반은 4개월 정도 고생하면서 계속 수련했는데, 나중에는 언제 그랬냐는 듯 깨끗이 없어졌다. 이 분은 선호 도반의 친동생으로 등이 굳어서 통증을 참기 힘들어 형의 권유로 우리 수련을 시작했는데, 소주천 수련이 끝나자 그 증상이 완전히 없어진 경험도 있었다.

이렇듯 참기 힘든 화후나 명현이 일어났음에도 나는 수련을 계속했는데, 거기에는 한두 가지 흡족한 현상이 있었기 때문이다. 첫째는 머리가 맑아졌다. 사실, 나는 도문의 수련을 접하기 전까지 항상 머리가 묵직하고 자주 안개가 끼어 있는 듯 멍한 상태가 되곤 했는데, 수련 후 이러한 증상이 없어지고 머리가 맑아지면서 두통 또한 없어진 것이다. 그러다 보니 자연히 모든 것을 의욕적으로 대하게 되었고 밤에 잠도 잘 자게 되었다. 둘째는 학교에서 지친 상태로 도장에 와서 정규 수련을 한 번 하고 나면 몸이 개운하여 활기가 넘치곤 했는데 이것이 신기했다. 이런 상태가 지속되었으면 하는 마음에서 계속 수련하고픈 힘이 생긴 것 같다. 한 가지 덧붙이면 여러 화후나 명현이 결국에는 좋아질 것이라는 막연한 믿음 같은 것도 있었다.

이처럼 여러 반응을 느껴 가며 수련을 하고 있던 어느 날, 아마도 1992년 3월 중순 쯤 되었을 것이다. 김 사범이 갑작스럽게 실무진을 하면 어떻겠냐고 제안을 했다. 다소 당황스럽기도 하고 두렵기도 해서 주저하다가 아직 학교도 졸업하지 않았는데 실무진이 될 수 있냐고 물으니 "학교 다니면서 방과 후 도장에 와서 조금씩 일을 도우면 되고, 만약 실무진이 되면 도장일 보다는 학교에 동아리를 만드는데 치중하면 됩니다. 우리 도문도 발전하려면 혈기 왕성하고 진리에 목마른 젊은 사람들이 많이 들어와야 할 텐데, 그러려면 우선 대학 내에 동아리를 만들어 전파하는 것이 좋겠지요. 그 일을 앞으로 해 주었으면 하는데…."라고 했다.

나는 계속 주저하는 마음이 들었다. '내가 정말 이런 생활을 잘할 수 있을까? 내 수련 목적이 도통이긴 하지만 전적으로 이런 생활을 하겠다는 마음의 준비도 되어있지 않고 또 끝까지 잘해낼 수 있을지도 의문이고….' 내 마음을 읽은 듯 김 사범은 "원하면 내가 대신 선생님께 말씀드려 줄게요."라고 하기에 '그래, 어차피 이런 생활을 동경해서 그런지 왠지 향수 같은 것도 느껴지고, 또 선배가 없었으면 하고 싶었던 수련도 못했을 텐데. 사람이 한 번 죽지 두 번 죽겠나. 어차피 인생이란 이것 아니면 저것의 선택인데 잘 되고 안 되고는 하늘에 달린 거고….' 그 짧은 순간에 이런 여러 생각이 오가다가 뭔가 결심이 섰다. "어차피 도道를 좇으려고 했으니 전적으로 뛰어들어서 해 보는 것도 나쁘지 않으리라 생각합니다. 선배가 그렇게 권하니 한번 해 보겠습니다."라고 대답하니까 김 사범은 "그러면 내일이나 모레쯤 선생님께 말씀드릴 테니 다음 주 월요일에 오면 알 수 있을 겁니다."라고 알려주었다.

처음에 주저했던 마음과는 달리 막상 마음을 정리하고 결심하자 이후로는 담담해졌다. 한당 선생님께서 실무진으로 받아주시든지 아니든지 상관없이 열심히 수련하다 보면 뭔가 결과가 나오지 않겠는가 하는 생각으로 지내다 약속한 월요일날, 아무 생각 없이 여느 때와 마찬가지로 도장에 수련을 하러 갔다. 김 사범은 나를 보자마자, "궁금하지도 않았습니까? 어쩌면 주말에 전화 연락 한 번 없었습니까?"라고 대뜸 말했다. "그냥, 월요일에 가면 알 수 있겠지 싶어 참았습니다. 또 개인적인 일도 있고 해서요."라고 대답하고는 "어떻게 됐습니까?"라고 묻자마자 김 사범은 "선생님께서 좋다고 말씀하시면서 이번 주 내에 정식으로 인사를 받겠다고 하셨습니다."라고 알려주는 것이 아닌가. 순간 반가웠지만 내가 정말 잘한 일인지 모르겠다는 두려움도 생겨서 아마 그렇게 반가운 안색은 아니었을 것이다. "한당 선생님을 뵙게 되면 스승에 대한 예의를 어떻게 갖추어야 합니까? 예를 들면 삼배 같은 것 말입니다. 다른 분들은 어떻게 하셨습니까?"라고 내가 물으니 김 사범은 "특별히 갖추어야할 것은 없고 그냥 만나 뵙고 인사하면 됩니다. 우리도 달리 예의를 갖춘 것은 없었고 실무진을 해 보겠다고 말씀 드리니까 선생님께서도 그러면 한 번 해 보라고 말씀하신 게 다예요. 삼배 같은 건 받지 않으셨습니다. 아마 이번에도 그러실 겁니다. 지금까지 그렇게 하셨으니까요."라고 했다.

어떤 식으로 예의를 갖추어야 할지 다소 의아했던 나는 그냥 만나 뵙고 인사만 드리면 되는가 보다 하고 생각했다. 그런데 이런 내 생각은 며칠 후 완전히 빗나갔다. 김 단사와 거산 경사께 인사를 한 지 얼마 지나지 않아 한당 선생님께서는 나를 만나보자고 하셨다. 당일 저녁, 도장에 도착하니 모든 실무진들이 모여 있었다. 잠시 후 한당 선생님께서 집무실에서 나오셔서 사범실에 자리를 잡고 앉으시니 모든 실무진들도 제각기 자리를 잡고 앉았다. 그런 후 거산 경사께서 한당 선생님을 바라보면서 "이번에는 정식으로 인사를 받으시겠다고 하셨죠."라고 했다. 선생님께서는 짧게 "예." 하시고는 눈을 지그시 감으시고 마치 묵상을 하시듯 자세를 바꾸셨다. 내가 어찌 해야 할지 몰라 어리둥절해 하니 김 사범이 거산 경사께 "삼배를 드리면 되겠죠."라고 여쭸다. 거산 경사께서는 아무 말 없이 고개를 끄덕였다. 나는 눈치를 살핀 후 삼배를 드리고는 자리에 앉았다. 선생님께서는 이내 눈을 뜨시고 만나서 반갑고 실무진이 된 것을 축하한다면서 앞으로 잘 해 보라고 하셨다. 거산 경사께서는 "면담을 하는데 글쎄 혼자 할 말 다하고는 결론도 혼자 스스로 내리더니 이야기를 끝내더라구요. 참 맹랑해요." 하면서 웃으니까 김 단사라는 분도 "다니는 학과가 불어불문학과랍니다. 나중에『천서』를 불어로 번역을 해 봤으면 한다니까 잘되면『천서』가 불어로 나오겠습니다." 하면서 익살스럽게 웃었다. 사실 당시 이 수련에 조금 덜 심취했을 때만 해도, 나는 전공 공부를 열심히 해서 가능하면 나중에『천서』를 불어로 번역해 보고 싶었다. 그러나 그것은 한때의 부푼 꿈으로만 남게 되었다. 왜냐하면 그 당시 나는 제대를 하자마자 바로 복학을 해서 한 학기를 어렵게 마치고서는 선도 수련도 제대로 해볼 겸, 학교생활에 적응하기 위한 시간적 여유도 얻을 겸 2학기부터 1년간 휴학을 하면서 전공 공부와 멀어졌기 때문이다. 화기애애한 분위기 속에서 이야기를 주고받고 있는데, 한당 선생님께서는 "내가 보기에 새로 들어온 실무진은 그보다 공부에 더 관심이 있는 것 같아."라고 말씀하셨다. 나는 지금도 그때 말씀하신 그 '공부'가 학교 공부를 두고 하신 말씀인지 선도 공부를 두고 하신 말씀인지 정확히 알 수는 없다. 하지만 결과론적으로 보면 그 '공부'라고 하신 말씀이 결국 선도공부가 아니었을까 싶다.

그 후로 나는 학교와 도장을 오가며 실무진 생활을 했다. 정식 명칭 없이 '사범 후보생'이라고만 도반들에게 소개되었고 수련도 정규 시간 중간 중간에 들어가서 하고는 끝날 때쯤이면 도반들 보다 먼저 나왔다. 실무진이 누워서 수련을 하고 있으면 도반들이 가벼이 여길 수 있으니 좌식으로 올라가 앉아서 수련할 수 있을 때까지는 그렇게 하라고 사형師兄들이 일러주었기 때문이다.

그해 여름방학 때까지 나는 학교와 도장을 오가며 학과 공부와 수련이라는 두 마리 토끼를 쫓았다. 새벽 5시쯤 일어나서 도서관에 자리를 잡고 한두 시간 정도 학교 공부를 한 후 강의는 주로 오전에 몰아서 들었다. 오후에는 도장에 와서 수련하고 잡다한 도장 일을 도와주고는 밤 10시경에 다시 도서관에 가서 한 시간 정도 마저 공부를 했다. 자정쯤 되어 자취방에 돌아가 간단히 씻은 후 빨래거리가 있을 때는 빨래를 해 놓고 새벽 1시쯤 잤는데, 자기 전에 다시 30분 정도 수련을 했다. 이렇게 바쁜 일정에 틈틈이 시간을 내어서 동아리를 만들기 위해 동분서주하기도 했다. 그런데 애초의 계획과는 달리 혼자서, 그것도 수련을 한지 얼마 되지 않은 상태에서 동아리를 만들려고 하니 너무 힘들어서 나중에는 김 사범에게 사정을 말하고 계획을 이삼 년 뒤로 연기하기로 했다. 이렇게 바쁘게 생활하면서 하루에 서너 시간 정도밖에 자지 못했는데 피곤하지도 않고 어떤 때는 오히려 더 활기찼던 것은 아마 수련을 했기 때문이리라 생각한다.

한번은 열심히 수련을 하다가 이상한 경험을 한 적이 있다. 평소처럼 새벽 1시쯤 잠들기 전에 가볍게 몸을 풀고 누워서 수련을 시작했는데 이날따라 호흡이 굉장히 부드럽더니 조금 있다가 몸이 계속 부풀어 오르는 느낌이 들었다. 계속 부풀다 종래에는 막 터질 것 같더니 나중에는 공간 속으로 스며드는 듯한 이상한 느낌을 받아서 잔뜩 겁을 먹은 채 눈을 뜨고 수련을 중단해 버렸다. 이러한 현상은 그 뒤로도 몇 번 더 나타나서 나중에 김 사범에게 물어 보니 수련이 잘되어서 나타나는 현상이니까 도중에 그만두지 말고 끝까지 해 보라고 일러 주었다. '아, 그렇구나' 하고 신기해하면서 김 사범의 말을 가슴속에 새겨 두었다. 며칠 후, 자취방에서 혼자 수련을 하는데 이번에는 끊임없이 부풀어 오르는 것이 아니라 계속 몸이 작아지는 느낌이 들었다. 나는 김 사범에게 들은 말을 기억하고 끝까지 따라가 보았는데, 나중에는 모래알 만큼 작아지면서 어떤 곳으로 빨려 들어가는 느낌이었다. 끝도 없이 들어가기에 또 두려워져서 수련을 중단해 버렸다.

같이 함께 더불어

석문도문

天光天路

좌식

坐息

─────────────────────────────── 좌식坐息

이렇게 두세 달이 지났다. 어느 날 화장실에 들렀다가 상담실로 들어오는데 한당 선생님께서 화장실로 가시면서 "너 지금 어디 수련하느냐?"라고 물으셨다. 입회한 지 거의 3개월 만에 말씀을 건네신 거라 얼떨결에 "지금 와식 수련을 하고 있습니다."라고 말씀드리니 "오늘이 무슨 요일이지?"라고 또 물으셨다. "금요일입니다."라고 답변 드리니 "그러면 다음 주 월요일부터 좌식坐息 수련 들어가라. 네 사형들에게 내가 그랬다고 하고 수련 방법을 지로 받아라." 하셔서 5월 초 어느 월요일, 좌식 수련에 들어갔다. 도문에 입회하고 3개월 가까이 점검도 받지 못했고 선생님과 대화를 나눈 적도 없었기 때문에 그때 선생님의 짧은 말씀이 정말로 반가웠다. 더군다나 한 단계 올라가라 하시니 이 어찌 기쁘지 않았겠는가?

학수고대한 월요일, 나는 좌식 수련에 대한 간략한 지로를 받고 수련을 시작했다. 그런데 와식 수련 때와는 달리 수련이 힘이 들었다. 물론, 모든 것이 처음 시작할 때는 힘들기 마련이지만, 누워서 하다가 앉아서 수련을 하니 일단 단전이 어디 있는지 정확하게 알 수가 없었다. 그러다 보니 쉽게 집중할 수가 없었고, 누워서 수련할 때만큼 호흡이 길지도 않고 아랫배도 잘 나오지 않아서 아주 난감했다. 뿐만 아니라, 앉은 자세부터 어설퍼서 호흡을 하면 계속 뒤로 넘어질 것 같았다. 다리도 쥐가 자주 나서 수련을 끝내면 바로 일어서지 못하고 천천히 손으로 발목을 잡아서 풀어준 다음 한참 후에야 움직일 수 있었다. 어떤 경우에는 수련을 하다 골반 부위가 너무 아파 눈물이 날 지경이었는데 '실무진이 이 정도도 못 참아서 수련을 중단하고 일어서면 되겠는가?' 하는 마음에 그대로 참고 앉아서 끝까지 수련한 적도 있었다.

이때 나는 특이한 화후 하나를 경험했다. 도장에서 수련을 하고 있는데 하단전 부근에서 마치 칼로 생살을 도려내는 듯한 강한 통증이 일어나더니 그 뒤로 며칠간 주기적으로 그러는 것이다. 그런데 그 통증이 싫지는 않은, 뭔가 짜릿한 쾌감 같은 것이 있었다. 며칠 뒤 해질 무렵, 도장 가까이에 있는 공원에서 김 사범과 이런저런 이야기를 나누는데 또 그런 통증이 일어나기에 순간적으로 '앗' 하고 짧은 비명을 질렀다. 김 사범은 왜 그러냐면서 언제부터 그런 증상이 생겼는지를 묻고는 "지금 나타나는 현상은 일종의 화후인데 바로 단전의 용량이 커질 때 생기는 현상입니다. 선생님 말씀에 따르면 그 통증은 임신한 여인이 아기를 출산할 때 겪는 산고와 비슷하다고 할 정도인데…." 하다가 뒷말을 흐렸다. 궁금해서 "보통 어떤 경우에 이런 증상이 생깁니까?"라고 물으니 "단전의 용량이 커지는 현상은 주로 한 단계 올라갔거나 올라가려고 할 때, 즉 몸의 기운 상태가 바뀔 때 주로 생기는데 보통 소주천이 끝나면 더 이상 안 겪게 되지요." 하면서 자신도 그런 현상을 겪고 있다고 했다. 그때 김 사범의 수련 단계는 바로 소주천이었다.

한번은 학교 수업을 끝내고 수련을 하러 도장에 들어가니 수련실에 김 사범을 비롯한 두세 분의 실무진들이 정좌한 상태로 마치 불상처럼 한 손은 하단전 앞으로 내리고 한 손은 손바닥을 펴서 들고는 조용히 눈을 감고 있었다. 평소에 못 보던 광경이라 유심히 지켜보는데, 소 사범이라는 분이 먼저 일어서기에 다가가서 지금 하는 것이 무엇이냐고 물었다. 소 사범은 웃기만 할 뿐 아무 대답이 없었다. 계속해서 물으니 나중에는 못이기는 척하면서 "기력氣力 시험을 하는 거지요. 본인의 기력으로 벽을 뚫을 수 있는지를 시험해 봐서 자신의 기력이 어느 정도인지 스스로 판단해 보는 것입니다." 하면서 시범을 보여 주었다. 그러나 나는 아직 기운을 볼 수 있는 눈이 없었기 때문에 일어나는 모든 일을 가만히 주시하고만 있었는데, 소 사범은 조금 해보더니 "이 벽은 콘크리트여서 그런지 중간 정도 뚫고 들어

가다 더 이상 나아가지 못하네요."라면서 빙그레 웃는 것이다. 그때 당시 도문의 실무진 중에 소 사범이 가장 기감이 예민하고 몇 가지 심기운용心氣運用 | 술수을 사용할 줄 알았다.

한번은 소 사범이 군 입대 시절 이야기를 해 주었다. 군 생활 중 누구나 한 번 정도는 하게 되는 경계 근무에 관한 일화였다. 야간에 부대 동료와 함께 경계 근무를 나갔다가 근무 도중 너무 피곤하여 잠시 졸았는데, 때마침 일직사관이 순찰을 돌고 있었다고 한다. 그런데 일직사관이 경계근무지 20m 정도 앞에 다가왔을 때 기운을 느끼고 그에 대처해서 무사히 위기를 넘길 수 있었다는 것이다. "어떻게 졸면서 가까이 접근하는 사람을 감지할 수 있습니까? 정말 신기합니다."라고 이해할 수 없다는 표정으로 물으니, 소 사범은 "당시에는 아직 도문을 알기 전이었는데, 다른 도문에서 생기 차원이지만 기氣수련을 하고 있었지요. 그러다 보니 몇 가지 심기운용을 사용할 수 있었는데, 그게 내가 기감이 예민하다 보니 그렇게 된 것 같아요. 그때 위기를 넘길 수 있었던 것은 졸면서도 내 기운을 발산하여 주변에 레이더처럼 분포시켜 놓아서 접근하는 물체가 있으면 그 즉시 느낄 수 있었기 때문입니다." 하면서 현 사범에게 술래잡기 한번 해 보지 않겠냐는 것이다. 그때 현 사범이 아무리 조심스럽게 움직여도 소 사범은 눈을 감은 채로 금방 위치를 파악해서 맞췄다. 기氣니 술

수니 도력이니 하는 것은 많이 들어 봤어도 내 눈으로 직접 보지는 못했던 나는 다소 놀란 표정으로 소 사범을 쳐다보니 별것 아니라는 식으로 살며시 미소만 지었다.

뿐만 아니라 소 사범은 상담실 탁자와 기氣적으로 동화되어 소 사범은 당시 손을 사용하였다 탁자의 상태도 느낄 수 있었다. 당시의 탁자는 직사각형이었고 위에 유리가 덮여 있었는데 기운을 느껴 보더니 "이 탁자가 막 휘고 싶어 하네." 하면서 웃은 적이 있다. 그때도 나는 놀라운 마음에 어떻게 하면 그렇게 느낄 수 있냐고 물었는데 소 사범은 정확하게 말해 주지는 않고 '일종의 동화작용'이라고만 했다. 사실 나에게 기氣를 점검하는 방법을 가르쳐 준 분이 바로 소 사범이었다. 소 사범은 성이 소씨가 아니라, 당시 사범들이 거의 대부분 김씨여서 맨 위인 수석 사범만 성을 사용하고 바로 밑의 사범은 작은 사범 즉, 소小 사범이라 했다. 나머지 사범들은 마지막 자를 따서 불렀다. 나는 이름의 마지막이 '규'자라 규 사범이 된 것이다.

소 사범은 당시 기氣를 장掌이나 수지手指로 점검할 뿐만 아니라 눈으로도 점검할 수 있었다. 한번은 우리나라 지도를 펼쳐놓고는 여기에서 물이 좋은 곳이 얼마나 되는지 알 수 있다면서 "한 개, 두 개, 세 개, …." 하며 세었는데, 손이나 다른 것을 전혀 사용하지 않고 눈으로만 왔다갔다 했다. 뿐만 아니라 상대가 느끼는 것도 그대로 느끼곤 했는데 정확도가 아주 높았다. 그 당시 실무진은 제법 심기운용에 능했으므로, 그것을 유심히 지켜본 나는 나중에 수련 단계가 조금 높아졌을 때 많은 실험을 해 볼 수 있었다. 나중에 다시 기술하겠지만 심기운용 때문에 하늘의 벌을 받은 적도 있었으니 얼마나 심취했는지 가히 짐작할 수 있을 것이다.

대부분의 단체나 조직이 그러하듯이 우리 도문도 초창기인 양재동 본원 시절에는 한당 선생님께서 직접 일주일에 한 번씩 특별수련을 하며 도반들의 수련을 도와주셨다. 이제 막 와식에서 일어나 좌식으로 앉아서 수련을 하던 나도 이런 특별수련을 할 때면 특이한 감각을 느끼곤 했는데 그 중에서 지금까지 여운이 남는 것은 '호흡'에 대한 것이다.

그날도 역시 도반들의 수련을 돕는 특별수련 날이었다. 한당 선생님께서 도반 한 분 한 분에게 어느 쪽을 보고 앉을지 방향을 정해 주시는데, 나도 수련에 동참할 수 있었다. 그런데 수련을 시작하고 조금 있으니 갑자기 호흡이 끝없이 길어지는 것이다. 숨을 내쉬고 싶은데도 계속 끊임없이 들어와 숨이 막혀 죽을 것 같았다. 내 자신의 의지와는 상관없이 호흡이 끊임없이 들어왔다 끊임없이 나가곤 했는데 처음과는 달리 점점 마음이 차분히 안정되면서 내가 수련하고 있다는 사실을 잊어 버릴 정도로 호흡삼매에 빠졌던 것이다.

그러나 나의 구도행각에 이런 호흡삼매와 같은 수련의 진수眞髓만 있었던 것은 아니다. 힘든 일도 많았는데, 여러 날 설사로 고생을 한 적도 있었다. 그날도 평소처럼 마지막 수련을 마치고 학교 도서관으로 돌아가기 위해 도장을 나섰다. 도장에서 마음이 아주 상한 일이 있었던 나는 그때까지 흥분을 가라앉히지 못하고 '감히 제자가 스승님께 불평을 늘어놓을 수도 없고…' 하면서 깜깜한 밤하늘을 쳐다보며 내 원신原神에게 속이 후련해질 정도로 불만을 토로했다. 그런데 그날부터 문제가 생겼다. 정확히 12일간 설사 때문에 엄청나게 고생을 했던 것이다. 자취방에 도착하자 음식물은 커녕 물도 제대로 못 마실 지경이었다. 이상하게도 무언가를 조금만 먹으면 급히 화장실을 찾아야 하니 제대로 생활을 할 수가 없었다. 2주 정도 지나자 내 모습은 피골이 상접할 정도였는데, 이후로 지금까지 두 번 다시 원신이나 하늘에 대해서 불평이나 불만을 토로하지 않게 되었다.

天光
天路

대맥운기

帶脈運氣

대맥운기 帶脈運氣

좌식 수련을 한 지 한 달 정도 지나서 운기 수련의 시작인 대맥운기에 들어갔다. 대맥운기帶脈運氣는 제일 먼저 의식을 둘로 나누는 이른바 분심이용分心以用을 해야 하는데 여기서 많은 어려움을 겪었다. 앞서 공부했던 사범들이 "먼저 '대맥을 운기한다'라고 세 번 정도 심법心法을 걸고 의식의 70% 정도는 단전에 두고 나머지 30%는 대맥통로로 운기되는 기운을 따라가야 하는데, 의식이 진기를 너무 앞서지도, 너무 뒤처지지도 말고 진기의 바로 뒤에 붙어서 따라가야 합니다. 만약 의식이 너무 앞서면 진기의 움직임이 멈추어 바로 생기화生氣化되어 버리고, 너무 뒤로 처지면 흘러가는 진기를 잘 느낄 수 없어 수련의 흥미를 쉽게 잃어버릴 수 있으니까 주의해야 합니다."[7]라고 친절히 설명해 주었다.

---

[7] 이 방법이 대맥운기 수련의 정석이다. 의식 분할을 힘들어 하는 분들에게는 흘러가는 대맥에 의식을 빼앗기지 말고 차분하게 의식을 단전에 두고 수련을 진행하라고 지로한다.

대맥운기 본수련에 들어가기 전에 개인행공 수련 시간이 있었다. 과거 한당 선생님께서 도반 한 분 한 분의 건강 상태를 점검하신 후, 수련에 도움을 주고 취약한 부분의 건강을 빨리 회복할 수 있도록 각자에게 개인 행공 동작을 주신 적이 있었다. 그때 대맥운기 수련에 들어가신 분들에게도 대맥운기 수련을 좀 더 빨리 이룰 수 있도록, 일종의 속성법으로 대맥운기 자세를 주셨던 것이다. 사범들은 이 대맥운기 자세에 대해 "대맥운기 자세는 두 가지 큰 특징이 있는데 하나는 의식분할을 잘할 수 있게 도와주고, 또 하나는 단전에 축기된 기운을 대맥 쪽으로 잘 운기되도록 하여 막힌 혈穴을 쉽게 뚫을 수 있도록 한다."라고 설명했다.

이렇게 설명을 듣고 수련을 시작한 지 얼마 되지 않아 수석 사범인 김 사범이 "대맥운기 수련을 시작한 지 얼마 되지 않은 것 같은데 명문命門까지 기운이 간 듯하네요."라고 점검한 결과를 알려 주었다. 그러면서 "남들보다 좀 더 오래 누워 있게 했더니 축기된 기운이 대맥으로 흘렀나 봅니다." 하고 신기하다는 듯이 쳐다보았다. 사실 좌식 축기 수련이 거의 끝날 무렵부터 뭔가 알 수 없는 것이 대맥통로 쪽으로 움직이는 느낌이 들기는 했는데 아마 그것이 기운이었나 보다.

그후 조금 더 수련하니 기운이 우대맥右帶脈까지 흐르는 것이 느껴졌는데, 이 우대맥이 나에게는 힘든 과제였다. 도대체 여기가 얼마나 막혔는지 기운이 더 이상 앞으로 움직이지 않았다. 며칠 동안 지식止息까지 사용해 가면서 수련을 해도 더 이상 진전이 없었다. 그러다 이삼 일 후 단전에서 출발한 기운이 대맥통로로 흐르더니 우대맥에 잠시 멈춰 서 있다가 일순간 쏵 하고 지나가는 것이다. 순간 '뚫렸구나' 하는 생각에 전장에서 승리한 장군처럼 뿌듯하고 기뻤다.

며칠 뒤 소 사범과 함께 경남 진영에 있는 우곡사牛谷寺|한당 선생님께서 이 절에 3개월 정도 머무신 적이 있다라는 절로 내려가서 한당 선생님 수발을 들 기회가 있었다. 우곡사로 내려온 바로 다음 날, 대맥운기 수련을 하고 있는데 우대맥부터 기운이 이상하게 운기되었다. 기운이 단전으로 가야 하는데 우대맥에서 배꼽 위 중완 쪽으로 가 버리는 것이다. 이상해서 몇 번 수련을 해 보아도 우대맥에서 한참 멈춰 있다가 빠르게 흘러 단전 쪽이 아닌 신궐神闕|배꼽이나 기타 다른 곳으로 가 버리는 것이다. 내심 '아직 유통이 되지 않은 것일까?' 하고 불안한 생각이 뇌리를 스쳤다. 한편으로는 '아니야, 그럴 리가 없을 거야. 뭔가 잘못 느낄 수도 있어' 하고 스스로 위안하면서 계속 수련했는데 며칠 뒤 한당 선생님께서 수련 점검을 하셨다.

결과는 상당히 놀랍고 당황스러웠다. 기운이 우대맥까지 왔다는 것이다. 한참 동안 넋이 나간 사람처럼 서 있다가 '혹시나 했는데 역시 나였구나' 하고 중얼거렸다. 지난 한 달하고 일주일 가량이나 유통된 줄 알고 수련한 내 자신이 너무나 미웠다. 다소 시간이 흐른 후에 진정을 하고 '그래 다시 시작하면 되지. 그건 별 것 아니야.' 하고 스스로 힘을 내서 수련에 임했다. 그러자 얼마 후에 한당 선생님께서 대맥이 유통되었다며 2분운기에 들어가라고 하셨다. 나는 유통되고 나서 대맥에 대한 전체적인 기감, 즉 단전에서부터 대맥통로를 따라 다시 단전까지 운기되는 감각을 느끼고자 무척 애를 썼지만 통로 전체는 잘 느낄 수가 없었다. 물론 중간 중간에 기가 지나가는 감각은 감지할 수 있었지만 욕심 같아서는 통로 전체를 느껴보고 싶었던 것이다. 게다가 우대맥에서 한 달 이상이나 막혀 있었는데 그걸 유통된 것으로 잘못 알고 수련했던 터라 기감에 조금 자신이 없기도 했다. 또 얼마간 시간이 지난 후에 선생님께서는 "2분 안에 운기되느냐?"고 물으셨는데 자신 있게 대답할 수 없어 "잘 모르겠습니다."라고 하니 "알 때까지 수련해라."라고 하시면서 이렇게 덧붙이셨다. "행공 한 동작이 2분씩이니까 행공물소리를 틀어놓고 수련하면서 행공 한 동작이 끝날 때까지 대맥이 한 바퀴 도는지 알아보고 그것이 열 번 중에 최소한 일곱 번 이상 도는 것을 느끼면 말해라."

그날부터 나는 선생님께서 지로해 주신 방법대로 수련했고 열 번 중

거의 열 번 다 2분 안에 돌 때쯤 다시 점검을 청했다. 선생님께서는 별다른 말씀 없이 "2분 안에 운기되는 것을 느끼느냐?"라고 물으셨다. "예." 하니 "그러면 다음 단계로 넘어가라. 한 단계 넘어가도 반드시 전 단계 수련 복습을 잊어서는 안 된다." 하고 살며시 웃으셨다.

소주천 수련을 하면서도 나는 대맥운기 복습을 게을리하지 않았는데 그러다 보니 여러 기감을 느끼게 되었다. 2분운기 수련이 끝난 후 조금 더 복습하니 이내 대맥통로 전체가 꽉 차서 허리를 조이는 듯한 압박감이 느껴졌는데, 그때의 기분이란 이 세상 전부를 주어도 마다할 정도였다. 그런데 그 느낌은 이후에도 이어졌다. 매일 꾸준하게 수련하니 이제는 통로 전체가 하나의 띠가 되어 돌았다. 그리고 나서 처음 유통할 때처럼 대맥통로에 칼로 파내는 듯한 통증이 왔다. 한 번 더 통로를 정화시키는 듯하더니 나중에는 기운이 안정되었는지 처음의 열감과는 달리 시원한, 마치 얼음을 대맥에 넣어 놓았나 싶을 정도로 차가운 감각이 느껴졌다. 그러다 점점 대맥의 운기 속도가 엄청나게 빨라지면서 나중에는 처음과 끝을 찾기 힘들 정도로 빠르게 운기되기 시작했다. 이때는 대맥통로에서 바람이 부는 듯 미미한 기감만 느껴졌고, 나중에는 기운이 손가락 굵기로 압축되어서 운기되는 것을 느낄 수 있었다. 그전에 운기 속도가 조금 느리고 덜 안정되었을 때는 대맥을 도는 기운이 가끔씩 단전을 중심

으로 위로는 중완中脘|배꼽과 명치 중간 지점 정도까지, 아래로는 중극中極 정도까지 동시에 운기되는 느낌을 받은 적도 있었다. 이는 기운이 아직 불안정하여 대맥통로에서 퍼져 나온 파장을 느꼈던 것이다.

복습을 하면 할수록 대맥을 새롭게 알게 되었는데, 그중에서도 잊지 못할 체험은 바로 온양 수련 때 있었다. 한당 선생님께서는 수중水中 수련의 묘미를 살리려면 좌정한 상태로 물이 코 바로 밑까지 오는 곳에서 소주천 수련을 하면 된다고 하셨다. 그렇게 하면 수련에 많은 도움을 얻을 수 있고 여러 가지 기감도 느끼게 된다고 하셨다. 한번은 사우나탕에서 목욕을 하다가 선생님께서 하신 말씀이 기억나서 냉탕을 찾아 자리 잡고 앉으니 물이 배꼽 바로 위까지 왔다. 그래서 이 정도 깊이면 소주천으로 수중 수련의 묘미를 느끼기 힘들겠다 싶어 대맥을 운기한 적이 있었는데, 그날따라 호흡도 좋았고 의식도 빨리 몰입되었다. 한참 수련하다 보니 대맥이 아주 빨리 돌았다. 조금 있으니 뭔가 팔에 가볍게 부딪히는 느낌이 들어 이게 뭘까 하고 눈을 살짝 뜨고물론 계속 운기는 했다 가만히 수면을 내려다보니 나를 중심으로 잔잔한 물결이 둥글게 형성되었는데, 그 물결이 팔에 부딪히면서 미약한 느낌을 주고 있었던 것이다. 그 순간 이루 형언할 수 없는 감격이 올라왔지만, 마음을 차분히 가라앉히고서 좀 더 깊은 수련의 세계로 젖어들어가 보려고 시도했다. 그때 어떤 중년

남자가 '첨벙'하면서 냉탕으로 들어와서 수련을 더 진행하기 어려웠다. 다소 아쉬웠지만 조금 전에 보았던 그 엄청난 광경 때문에 나는 미소가 절로 나왔다. 그 뒤로 지금까지 앞 단계 수련의 복습을 게을리하지 않는데, 특히 대맥과 소주천은 매일 거르지 않고 수련한다.

여기서 잠깐 우곡사라는 절에 대해서 이야기해 보자. 우곡사牛谷寺는 천 년 전에 세워졌다고 한다. 절의 크기는 다소 작았지만 경치가 좋았는데, 무엇보다 특이한 것은 절의 이름과 절이 있는 산의 이름, 또 산 아래 있는 마을의 이름이었다. 우선 절의 이름 우곡사는 '소 계곡에 위치한 절'이라는 뜻인데, 동양철학의 음양오행에서 소[牛]는 토土를 뜻하고 토는 도道를 뜻하기도 한다. 불가에서 수도의 과정을 '십우도十牛圖'라는 그림으로 표현하듯이 말이다. 그렇다면 우곡사란 '수도하는 도인이 많이 모이는 절'이라는 뜻이 되는데, 당시 한당 선생님께서 우곡사에 잠시 거처하시면서 많은 도반들이 우곡사를 찾아 며칠씩 머문 적이 있었다. 또한 우곡사가 있는 산의 이름은 와불산臥佛山이었는데, 신기하게도 해질 무렵 멀리서 이 산을 바라보면 마치 부처께서 누워 있는 형상처럼 보였다. 우곡사는 바로 이 부처 형상의 상단전 인당에 해당하는 자리에 위치했는데, 산 아래 마을 이름도 절 쪽의 마을은 내단리內丹里고 바깥쪽 마을은 외단리外丹里였다. 조금 비약해서 해석한다면, 천 년 전에 이 절을 만든 승려와 이

마을의 이름을 지은 분은 훗날 그곳에 많은 도인이 운집할 것을 알고 그렇게 명명했던 것이 아닐까. 한당 선생님께서도 언젠가 우리나라 지명은 과거 눈밝은 도인들이 지은 경우가 많은데 이중 많은 지명이 훗날의 일을 암시하기도 한다고 하셨다. 『천서』에도 보면 후천을 주도하실 하늘신께서 강림하시는 곳이 전주全州인데, 이 전주를 파자해 보면 임금이 들어오는 마을人+王+州로 그 지명 또한 하늘신의 강림을 뜻한다고 설명한다.

이런 사실을 찾는 가운데 나는 나와 도道의 인연이 얼마나 깊은지, 혹시 뭔가 특이한 사항은 없는지 생각해보다가 내가 태어난 마을의 이름이 떠올랐다. 주도珠道! 주도는 글자 그대로 구슬의 도리, 즉 여의주의 이치가 된다. 지금 내가 수련하고 있는 석문호흡은 알고 보면 단전 내부에 있는 자신의 여의주를 찾아 양신을 이루고 도계에 입천入天하여 태고의 자신인 하늘의 원신原神과 합일하여 도道를 통하는 수련법이다. 뭔가 연관성이 있어 보였다. 이렇게 유추해석을 하다 보니 나중에는 집주소까지 거슬러 가게 되었다. 우리 집 주소는 주도리 24번지다. 그런데 내가 『천서』를 읽고 도문에 입문했을 때가 24살이었고, 과거에 보았던 사주에 의하면 24살에 귀인을 만나지 못하면 신병神病에 걸린다고 했다. 여기서 집주소의 24와 입문 당시 나이 24살, 사주의 24세와 일치한다. 다시 설명하자면 주소의 24번지

대로 24살에 도문에 입문했고, 24세에 귀인을 만나지 못하면 신병에 걸린다는 사주처럼 도문에 입문하기 전까지 거의 절반 즈음 접신이 되어 있었다. 석문호흡수련을 하지 않았으면 박수가 될 뻔했기 때문에 사주의 귀인은 바로 한당 선생님이시다. 내 나름의 해석이 맞든 틀리든, 이런 생각이 구도에 대한 열정을 불어넣어 주었던 것은 사실이다.

'그래. 이생에서 나는 도道를 닦을 수밖에 없는 운명이었어. 한당 선생님을 만날 수밖에 없는 운명이었던 거야. 그러니 이것을 천직으로 알고 열심히 수도에 정진하자'라는 생각이 가슴속 저 깊은 곳에서 일어났다.

우곡사는 앞서 설명했던 지명말고도 한 가지 자랑거리가 더 있었는데, 바로 물이다. 스님 말이 우곡사 물이 좋아 인근에 소문이 자자한데 특히 신경통, 소화기계통, 피부병에 좋다고 했다. 뿐만 아니라 아무리 가물어도 물이 마르지 않고 일 년 내내 솟아난다고 했다. 한번은 비가 엄청나게 많이 온 후에 물을 마시러 샘으로 갔는데 물 빛깔이 황토색으로 변해 있었다. 흙이 씻겨왔나 싶어 마시지 않았는데, 스님 말로는 그 물이 일 년에 한두 번, 특히 비가 많이 온 후에는 색깔이 황토색으로 되었다가 두세 시간이 지나면 흰색으로 바뀌고 또 두세 시간이 지나면 맑은 색으로 바뀐다는 것이다. 정말인가 싶어 유심히 관찰하니 정말로 그렇게 되었다. 실로 신비한 일이 아닐 수 없어 한당 선생님께 여쭈니 "우곡사 물은 평소에도 감로분자가 70% 정도 배합되어 있고 자정이 되면 거의 90% 이상 배합되는데, 물이 흰색을 띄면 감로분자가 100% 함유되어 있다는 것이고 황토색을 띄면 그 이상이 함유되어 있다는 뜻이지. 황토색 물은 비위가 약한 사람에게 더없이 좋은 약이지." 하시는 것이다. 그래서 나는 몸에 좋다는 한당 선생님 말씀에 그날 커다란 바가지로 여러 번을 먹었더니 밤새 소변을 보느라 잠을 설쳐야 했다.

우곡사라는 절은 그 자체로도 신비한 것이 많았지만 여기서 생활하면서 나는 더욱 기이한 체험을 한다. 첫 번째는 녹차綠茶에 얽힌 일이다. 평소에 도문의 실무진은 하루에 차를 족히 스무 잔은 먹게 되는데, 당시 나도 그 정도 먹었다. 그런데 한번은 한당 선생님께서 우곡사 정자나무 밑에 다상을 펴시고는 스님뿐만 아니라 우리들까지 불러 차를 내신 적이 있었다. 선생님께서는 한 달에 한 번 정도는 녹차를 스무 잔에서 서른 잔까지 먹으면 건강에 좋다고 하셨다. 평소에 차를 진하게 먹는 사람은 한 달에 하루 정도는 차를 먹지 않음으로써 차를 싫어하게 되는 증상당시에는 이름을 말씀하셨는데 잊어버렸다을 예방할 수 있다고 하시면서, 되도록 차를 연하게 먹는 것이 여러모로 좋다고 하셨다. 우리는 그날 점심 먹을 때까지 차를 스무 잔 정도 먹었고 간식으로 나온 수박 한 덩어리를 네 사람이 다 먹었다. 점심 공양하라는 스님의 말에 모두 일어섰는데 유독 나만 이상한 증상이 나타났다. 일어서자마자 자칫 쓰러질 뻔했는데 사지에 맥이 다 풀려 힘을 쓸 수가 없었다. 밥상에 앉아 밥 한 그릇을 다 비울 때까지 그랬는데, 얼마나 심했는지 손으로 숟가락을 들지 못할 정도였다. 밥을 두 그릇 정도 먹고 나니 그런 증상이 없어지면서 한결 안정이 되었다. 평소에는 그 정도의 녹차를 먹어도 별다른 증상이 없었는데, 그날만 유독 그래서 이상하게 생각하지 않을 수 없었다.

두 번째는 전기와 관련된 일이다. 한당 선생님과 스님이 쓰던 아랫방에 잠시 함께 있은 적이 있었다. 스님 방에 중국 무협물 비디오가 몇 개 있기에 우연찮게 보게 되었는데 한참 재미있던 중에 정전이 되었다. 스님은 절 아래에서 공사 중이라 평소에 정전이 잦다고 했다. 조금 있으니 다시 불이 들어와 비디오를 마저 볼 수 있었는데, 신기한 일은 이때부터였다. 한나절 이후, 절 아래에서 공사를 하다 절로 들어오는 전기선을 실수로 끊었다고 공사장의 몇몇 사람들이 인사차 찾아왔다. 그런데 정전이 되었다는 그 시간에 우리는 열심히 비디오를 보고 있었던 것이다.

세 번째는 날씨에 관한 것이다. 그날은 초하루라 절에 불공을 드리러 온 분들이 많았다. 아침부터 부슬부슬 비가 오더니 나중에 사람들이 돌아갈 때쯤에는 소나기가 왔다. 스님은 신도 분들이 집으로 돌아가기가 난감하다 하시면서 은근히 한당 선생님께서 어떻게 해 주시기를 바라는 눈빛으로 쳐다보았다. 때마침 선생님께서는 스님의 마음을 아셨는지 "비가 많이 와서 신도 분들이 내려가기가 수고스럽겠습니다." 하시면서 "잠시 후면 비가 그칠 테니 그때 산을 내려가라고 하십시오. 아마 산을 다 내려갈 때쯤이면 다시 비가 올 겁니다."라고 하셨다. 바로 옆에서 귀를 쫑긋 세워 선생님 말씀을 하나하나 정확하게 듣고 있던 나는 눈이 휘둥그레졌다. '정말로 그렇게 될까?' 싶어 처마 밑에서 내리는 비를 뚫어져라 보고 있었는데, 잠시 후 선생님께서 말씀하신 대로 비가 약하게 내리더니 이내 멈춰버렸다. '우와! 호풍환우呼風喚雨라니, 그것도 내 눈앞에서 말이야' 하며 놀랐던 적이 있다.

한당 선생님께서는 '호풍환우'라는 글자 그대로 바람의 방향을 바꾸신 적도 있다. 우곡사에는 조그마한 정자나무가 있었는데, 스님은 그 자리가 여름만 되면 바람이 잠잠해져 버린다고 했다. 그런데 날이 무더워져 한당 선생님께서 그 자리를 즐겨 찾으신 날부터는 그곳에도 바람이, 산들바람도 아닌 제법 센 바람이 정자 앞쪽에서 불어

온다면서 고개를 갸우뚱거렸다. 이때 어떤 사범이_{아마 현 사범이었을 것이다} 한당 선생님께 "혹시 선생님께서 바람을 일으키신 것 아닙니까?" 하고 은근히 어떤 답을 바라듯이 여쭈었지만 선생님께서는 미소만 지으실 뿐이었다.

이 뿐만 아니다. 나중에 본원을 삼성동으로 옮긴 후_{1991년 11월에 양재동에서 삼성동으로 옮겼다}에도 비를 그 자리에서 멈추시는 것을 보았고, 여러 번 태풍의 진로를 바꾸시는 것도 보았다. 특히 기억나는 일을 한 번 이야기해 보겠다. TV에서는 A급 태풍이 우리나라로 바로 북상한다는 기상대 소식을 전하면서 여러 가지 관련 뉴스를 보도하고 있었다. 마침 도문의 석문회 회장께서 선생님과 두세 시간 정도 도담을 나누고 선생님 집무실을 나올 때였다. TV에서 갑자기 태풍의 진로가 납득할 수 없을 정도로 기이하게 바뀌었다고 전하는 것이다. 아니나 다를까 신 회장은 다소 놀라면서 "선생님! 선생님께서 하루 이틀 정도 걸릴 거라 하셨는데 세 시간도 안 되어서 태풍의 진로가 바뀌어 버렸네요." 하니 선생님께서도 "나도 짐작치 못했는데 도력이 한결 더 깊어졌나 봅니다." 하셨다.

사실 그렇게 많이 놀라지는 않았다. 전에도 한당 선생님의 이러한 능력을 많이 보았기 때문이다. 나는 한당 선생님의 이러한 도력이 신기하면서도 다소 황당했지만, 현실로 받아들일 수밖에 없었다. 그러나 이것이 한당 선생님을 존경하게 된 전적인 계기는 아니다. 내가 한당 선생님을 존경하게 된 것은 그분의 인품과 행동이었다. 경이로운 능력을 갖고 계시면서도 특별히 드러내 보이지 않으셨고 제자들의 맹목적인 추종을 바라시지도 않았다. 오히려 "수련에 임할 때 나를 본받지 말고 내가 말했던 법法을 보고 따라와야 한다."고 하실 정도였다. 뿐만 아니라 아주 평범하셨고 또 그런 소탈한 것을 좋아하셨다. 도문 체육대회에 오시면 스스럼없이 함께 축구를 하실 뿐 특별히 무게를 잡지도 않으셨다. 그냥 있는 그대로의 모습을 좋아하셨다. 물론, 도담을 할 때나 몇몇 경우에는 위엄을 보이실 때도 있었지만 그것은 한 달 중 이삼 일도 안 되었을 것이다. 이러한 선생님의 인품이 나로 하여금 진실로 무릎을 굽혀 삼배를 올리도록 한 이유다.

네 번째는 수련에 관한 것이다. 당시 우곡사 스님은 대중을 구제하고자 하는 발심發心이 급한 나머지 한당 선생님께 여러 번 지정된 날까지 본인이 양신을 이루게 해 달라고 조르다시피 청했다. 한당 선생님께서도 스님이 원하던 날까지는 아니더라도 조금 빨리 이루게 해 주고 싶은 마음이 있으셨는지 수련을 대단히 많이 도우셨다. 한 번은 한당 선생님께서 거하시는 옆방에서 현 사범과 수련을 하다가 문밖에서 선생님과 스님이 나누시는 말씀을 본의 아니게 들은 적이 있었다. 선생님께서는 스님에게 오늘 자시 수련 때 도움을 줄 테니 온양 수련을 해 보라고 하셨다. 그런데 다음 날 보니 그날 저녁 한 번의 수련으로 스님은 온양 수련이 끝났다. 당시 온양 수련은 빨라도 4~5개월은 걸렸는데 대체로 거의 1년 정도 걸렸다 하루 만에, 그것도 한 번의 수련에 끝을 냈으니 실로 놀라지 않을 수가 없었다. 그런데 며칠 뒤 더욱 놀랄 일이 일어났다. 얼마 안 가서 스님이 전신주천 수련을 하고 있는 것이다. 결국, 스님은 대맥운기 수련을 시작한 지 2~3개월 만에 기화신 수련에 들어갔는데, 정말 경이로운 일이었다. 내가 양신 수련까지 오는 데 6년이라는 세월이 걸렸는데 이것도 빠르다고 생각하지만 당시의 스님은 우리와 비교할 수 없을 만큼 빨랐다.

이렇듯 우곡사에서 여러 기이한 일을 많이 겪었는데 다소 안타까운 일도 있었다. 선생님을 따라 서울에 다녀온 현 사범으로부터 소 사범이 집안 사정으로 도문의 실무진을 그만두게 되었다는 소식을 듣게 되었다. 소 사범은 내가 실무진을 시작한 지 얼마 되지 않았을 때 나에게 "천하에 가장 든든한 배경을 가지고 있으니 마음껏 활보하세요." 하고 격려했던 분인데 참으로 안타까웠다.

사실 나는 대맥운기 수련 때부터 어느 정도 기氣를 점검할 줄 알았다. 가끔은 눈으로도 느낄 만큼 기감이 예민했다.[8]

처음에는 학교 선배였던 김 사범에게 기氣점검의 대략적인 이론을 배웠는데, 실제 연습은 우곡사에서 소 사범이 가르쳐 주었다. 그때 소 사범은 장掌으로 점검하는 법을 보여 주면서 한 번 따라 해 보라고 했다. 나는 다소 약하기는 했지만 지면에서 방출되는 기운을 한번에 느꼈는데, 이를 보고 소 사범은 상당히 놀라워했다. 대맥운기 수련이 끝나갈 무렵에는 기본적으로 배운 것을 나름대로 응용하여 공부의 상태를 어느 정도 점검할 수 있게 되었다. 예를 들면, 단전자리와 단전의 상태 점검, 대맥운기 수련 점검, 몸 상태 점검 및 치유, 사진이나 그림을 보면서 건강 상태 점검 및 치유, 원거리 점검 및 치유 등을 할 수 있게 된 것이다. 연습 대상은 고향에 계신 어머니나 친구들이었다. 그 방법은 이러했다. 먼저 고향에 계신 어머니의 건강 상태를 점검한 다음 전화를 해서는 "어머니 어디어디가 편찮으시죠?" 하고 여쭈어 보면 어머니는 "어떻게 알았느냐?"고 다소 놀라셨다. 그러면 "제가 잠시 후에 다시 전화하겠습니다." 하고 일단 끊었다. 그후 서울 도장에서 경남 마산의 어머니께 기운을 보내서 15~20분 정도 심기운용을 하고는 다시 전화를 해서 여쭤 보면 어머니께서는 "네가 전화 끊고 조금 있으니 아팠던 곳에 통증이 없어지더라." 하

---

8) 도문에서는 양신을 이루어서 생기는 심안心眼인 도안道眼을 얻기 전에는 기氣를 본다는 말을 사용하지 않는다. 그 이유는 양신 이전에 보게 되는 오로라나 그와 유사한 빛들은 사물의 본질적인 빛이 아니기 때문이다.

시면서 신기해 하셨다.

이런 식으로 계속 연습하다 보니 금방 사람들의 상태를 점검할 수 있게 되었다. 소주천 때는 짧은 시간에 상당한 효과를 얻을 수 있게 되었고 나중에는 선인법 수련을 하기도 전에 어느 정도 사람들의 마음을 감지할 수 있었다. 삼성동 본원에서의 일인데, 아마 내가 대주천 이상 수련을 하고 있었을 것이다. 어떤 분과 상담을 하다가 그분이 어딘가 건강이 안 좋은 것 같아 잠시 알아본 적이 있었다. 현재 질병부터 3년 전에 무슨 병을 앓았는지까지 이야기해 주니 그분이 아주 놀라는 것이다. 사실 방법은 간단했다. 현재의 몸 상태를 기氣의 동화同化로 알아보고 3년 전의 상태를 다시 알아본 후에, 오행으로 상호 연관 관계를 유추해서 설명했을 뿐이다. 상담이 끝난 이후 옆에 있던 암해 사범이 "앞으로는 그렇게 상담 안 했으면 합니다. 그러니까 꼭 어디 무당집에 온 것으로 착각할 정도입니다." 하기에 그 후로는 가급적 드러내 놓고 사용하지 않았다. 내가 심기운용이 빨랐던 이유는 아마도 기감이 조금 예민했기 때문이 아니었을까 싶다.

양재동 본원 시절, 한번은 한당 선생님께서 당시 도반들이 히란야 문양에서 흘러나오는 힘을 가지고 여러 이야기를 나누는 것을 보셨다. 한당 선생님께서는 "우리 도문에도 그런 힘을 가진 문양이 있는데 아마 히란야 문양보다 적어도 여섯 배 정도는 강할 겁니다. 현재 도문의 상징인 삼도계를 만드시고는 시험을 보여 주셨다. 그때 나는 원을 삼각형으로 배열한 삼도계를 한참 들여다보았는데, 뭔가 알 수 없는 어떤 것이 원 사이로 흘러 들어가 중심 부분에 강한 응집력이 생기는 것을 눈으로 느낄 수가 있었다. 그래서 "이야, 그것 참 이상하네. 동그라미 사이에 뭔가가 흘러 들어가고 있어요." 하니 옆에 있었던 김 단사가 나를 살짝 쳐다보았다. "기감이 상당히 예민하군요. 그게 바로 기氣라고 하는 거예요."라고 했다. 이후 삼도계에서 이런 류類의 기감을 상당히 많이 느꼈다. 나중에 삼성동으로 본원을 옮겼을 때는 조금 다르게 느껴졌다. 그날도 선생님은 황금색으로 삼도계 원을 세 개 만드시고 그 힘을 실험하시는 중이었다. 그런데, 삼도계의 중심 부분에서 막대기 같은 것이 솟구치는 게 보였다. 처음에는 뭐라 표현 할 수가 없어 그냥 놀라고만 있었다. 내가 말을 하지 못하니 선생님께서는 "꼭 막대기 같은 것 말이지?" 하시면서 주위 사람들에게 대신 전해 주셨다.

이와는 조금 다른 경험인데, 양재동 본원 시절 아마 대맥운기 수련을 할 때였을 것이다. 현 사범과 사범실에서 차를 마시고 있는데 "규 사범. 선생님 방에 한번 가 보지 그래요. 거기에 커다란 호랑이 그림이 있는데 보고 어떤 느낌이 드는지 말해 줄래요?" 하기에 마침 한당 선생님께서 출타 중이시라 다소 죄송스러운 마음을 가지고 선생님 방에 들어가 보았다. 정말로 커다란 백호 그림이 벽에 걸려 있었다. 신기한 것은 뒷배경은 죽어 있는데 전면에 있는 백호가 살아 있는 호랑이처럼 생동감이 느껴지는 것이다. 가까이 가서 쳐다보는 순간, 이 백호가 나를 확 덮치려고 해서 나도 모르게 고개를 돌리고 말았다. 잠시 후 호흡을 가다듬고 다시 쳐다보니 자꾸 으르렁거리면서 위협하는 것이다. 한참을 이상하게 여기면서 있는데 사무실에 있던 사범이 들어와서는 어떠냐고 물었다. 자초지종을 말하니 "규 사범이 제법 신기神氣가 밝아. 김 단사께서 규 사범은 도문에 오지 않았으면 박수가 되었을 거라 하더니…." 하면서 호랑이 그림에 대해서 설명해 주었다. 선호 도반이 선생님께 드리려고 화가에게 특별히 부탁하여 가져왔는데, 선생님께서 집채만 한 백호의 영靈을 줄여서 넣어놓았다는 것이다. 이 백호는 아침에 도장 주변의 나쁜 기운을 퇴치하는 소임을 맡았다고도 했다.

이야기를 듣는 순간, 지금까지 잊고 지냈던 옛 생각이 떠올랐다. 군에 있을 때 그 여자 귀신 말이다. 사실 도문에 입문하면서 그 존재 자체를 잊고 있었는데, 호랑이 그림의 내력을 들으니 갑자기 생각이 난 것이었다. 며칠 뒤 사범실에서 사범들이 차를 먹으면서 도담을 나누고 있었는데 우연히 내가 본 호랑이 이야기가 나왔다. 그때 호랑이가 날 덮치려고 했던 것은 아직 나의 기운이 다 정화가 되지 않았기 때문일 거라면서, 자연스럽게 군 시절 내 귀신이야기로 화제가 옮겨갔다. 내 이야기를 마친 후 다른 분들의 경험을 들으려고 하는데, 이상하게 온몸이 쭈뼛 서는 느낌이 들었다. 뒤를 돌아보니 도장 창문 밖에서 파마를 한 여자가 얼굴 윤곽이 뚜렷하고 이목구비가 큼직했다 밤무대 의상처럼 반짝거리는 붉은색 원피스 비슷한 옷을 입고 사범실 안을 쳐다보고 있었다. 내가 본 것을 말하니 여기가 3층인데 어떻게 사람이 창밖에서 쳐다볼 수 있냐는 것이다. 순간 나는 '그러면 귀신인가?' 하는 생각이 들어 더 이상 이야기를 듣고 싶은 생각이 싹 가셨다. 녹차를 여러 잔 먹었기 때문에 화장실도 가고 싶어져서 일어서다가 옆에 있는 김 사범에게 "무서워서 그러는데 화장실에 같이 가면 안 돼요?" 하니 웃으면서 "그래요, 나도 가고 싶었는데 같이 가지요." 하기에 얼른 따라 나간 적이 있다. 이후 여러 번 귀신을 보게 되는데 뒤에 가서 한 가지 더 이야기하겠다.

같이 함께 더불어
석문도문

天光天路

소주천

小周天

—— 소주천小周天

우곡사에 한당 선생님을 수발하러 내려와 일주일 정도 머물다가 양재동 본원으로 올라간 실무진들은 상경할 즈음 수련이 한 단계씩 올라가고 도호도 받았는데, 나는 그렇게 되지 않았다. 그래서 대맥운기 수련을 시작한 지 3개월이 지나서야 소주천小周天 수련을 하게 되었다. 수련을 시작한 지 거의 7개월 만에 소주천을 하게 되었으니 당시 도반들에 비해 진도가 두세 달 정도 늦었다. 내가 소주천 수련 방법을 여쭤자 한당 선생님께서는 "『천서』를 참조해라. 내가 말하려는 것이 거기에 다 있다."고 하셨다. 『천서』에 나와 있는 수련법을 여러 번 정독하고 수련에 들어갔는데 일주일 후 점검을 받으니 선생님께서는 명문까지 갔다고 말씀하셨다.

당시 나는 이틀 정도 시간을 내어서 집에 다녀온 적이 있었다. 집이 우곡사에서 가까워 어머니를 뵈러 잠시 들린 것이다. 대문에 들어서니 어머니께서 반갑게 맞이해 주셨다. 이내 점심을 차려 주시면서 함께 이런 저런 이야기를 하다가 문득 무언가 생각이 나셨는지 밥을 먹고 있는 내 곁으로 가까이 다가와 앉으셨다. "얘야! 내가 며칠 전에 이상한 일을 겪었다."라고 하셨는데 이야기인즉, 내 생일날 어머니께서 간소하게나마 생일상을 차려서 안방 한구석으로 들고 가시다가 갑자기 쓰러지셨는데 사지가 확 풀려 일어날 수가 없었다고 하셨다. 어머니께서는 내가 왜 이럴까 싶어 이런저런 생각 끝에, 예전에 내가 안방 낮은 옷장 위에 커다란 그릇 세 개로 삼도계를 만들었던 게 떠올라서 옷장에 다가가서 흩트러 버리니까 언제 그랬냐는 듯이 아무렇지 않으셨다는 것이다. 순간적으로 어머니께서 접신된 것 같다는 생각이 들었다. 절에 가서 한당 선생님께 여쭤봐야겠다고 생각했다.

우곡사로 돌아와서 한당 선생님께 어머니 이야기를 말씀드렸다. "혹시 어머니께서 접신되신 것 아닙니까?" 하니 한당 선생님께서는 "삼도계가 9천삼도계를 본따서 만든 것인데 그 앞에서 쓰러지셨다면 그건 접신인데…." 하시면서 잠시 머뭇거리시다가 "어머니께서 접신되기는 했는데 50% 정도밖에 되지 않았구나." 하시고는 그 영靈을 퇴치하는 방법을 일러 주셨다. 방법은 아주 간단했지만 아무나 쉽게 할 수 있는 것은 아니었다. 우선 대주천大周天 이상 수련이 된 사람이 있어야 하고, 두 번째로 삼도계 그림이 있어야 했다. 삼도계는 아무렇게나 원을 세 개 그리면 되는 것이 아니라 원의 반지름과 원과

원 사이의 간격이 정해져 있어서 조금이라도 어긋나면 힘이 형성되지 않는다. 따라서 굉장히 신경 써서 그려야 했다. 또한 당시는 도문 초창기라 대주천 이상 수련자가 그리 흔치 않았다. 선생님께서는 대주천 수련이 끝난 김 사범에게 부탁해 보라고 하셨다. 마음이 급해진 나는 집을 한 번 더 다녀왔으면 좋겠다고 말씀드리고 곧장 집으로 향했다. 집으로 돌아온 나는 '정말로 어머니께서 접신되셨을까?' 하는 생각이 들어 '그래, 내가 한번 시험해 봐야겠다' 하고 자리에 앉아 아직 완성된 소주천은 아니지만 소주천 운기를 하면서 '집안의 나쁜 기운을 몰아낸다'라고 심법을 걸었다. 그러자 부엌에서 일하시던 어머니께서 갑자기 머리가 너무 아프시다면서 방으로 들어와 자리를 펴고 누우셨다. 뜻밖의 일이 눈앞에서 벌어진 것이다. 어머니께서 접신되신 것이 분명하다고 확신하게 된 나는 당장 서울로 전화해서 김 사범에게 자초지종을 말하고 선생님께서 알려주신 방법을 전하면서 부탁을 했다. 김 사범은 밤이 늦었으니 지금은 힘들겠고 내일 아침 일찍 해 주겠다고 하기에 그렇게라도 해달라고 했다. 다음 날, 다시 전화를 했더니 김 사범은 선생님 말씀대로 했다고 말했다. 그래서 전날처럼 자리에 앉아 소주천 운기를 해 보니 어머니께서는 아무 이상이 없었다. '접신된 영이 도망갔나 보다' 하고 내심 안도의 숨을 쉬고는 당시 내가 지니고 다니던 도문의 배지를 드리면서 항상 옷에 지니고 다니시라고 당부드리고 상경했다. 훗날 한당 선생님께서 접신이 무엇인지 간략하게 설명해 주셨는데 여기에 옮겨 보겠다.

"『천서』 제2부의 '천상天上의 법리法理'를 보면 영계靈界에 대해 언급해 놓은 대목이 있다. 접신은 이 중에 1천영계一天靈界에 있는 영靈들의 작용이나 영향으로 일어나는 현상이다. 접신은 죽은 사람의 영靈이 소기의 목적을 달성하기 위해서 자기보다 영력이 낮은 사람의 영靈을 쫓아다니고 그 사람의 육체를 점령하는 것을 말한다. 지상의 인간이 접신이 되면 접신한 영靈은 점령한 육신이 자신의 것이 아니기 때문에 막무가내로 사용하게 된다. 이를 자동차와 차 주인으로 예를 들어 설명해 보면 이렇다. 여기에 A라는 자동차와 그 주인이 있다고 하자. 주인은 A라는 차를 아주 아끼고 소중히 다루겠지만 주인이 아닌 사람들은 자기 소유의 차가 아니기 때문에 조심스럽게 사용하지 않을 것이다. 이와 같이 접신한 영靈은 그 육신이 자신의 몸이 아니기 때문에 소중히 다루지 않고 그 몸이 소용없게 되면 미련 없이 떠나 버린다. 그러면 사람은 어떻게 접신이 될까? 많은 유형 중에서 하나를 소개하면 다음과 같다.

500년 전, 길동이라는 사람과 갑돌이라는 사람이 있었다. 두 사람은 아주 친한 친구였다. 그런데 어느 날 영자라는 어여쁜 아가씨가 나타나자 두 친구는 서로 영자라는 아가씨를 사모하게 된다. '우정이냐 사랑이냐'를 놓고 많은 고뇌와 갈등 속에서 살아가던 중, 어느 날 갑돌이는 영자와 친구 길동이가 다정히 앉아 이야기하는 모습을 보게 된다. 순간 이성을 잃은 갑돌이는 친구 길동이를 죽이게 된다. 친한 친구 갑돌이에게 죽게 되자 길동이의 영靈은 한이 맺혀 복수하기를 기다리고, 갑돌이와 영자는 얼마 후 혼인하여 행복하게 살다가 천수가 다하여 죽는다.

죽은 갑돌이와 영자는 500년이 지나 다시 인간의 몸을 받아 환생을 하지만 서로 전생의 연분을 알지 못한다. 환생한 갑돌이는 열심히 일하여 많은 돈을 번 사업가가 되고 환생한 영자는 평범한 가정주부가 된다. 그러던 어느 날, 영자가 아프게 되자 복수를 기다리던 길동이의 영靈은 영자의 영력이 낮아지기를 기다렸다가 환생한 영자의 몸을 점령해 버린다. 접신한 길동이는 영자를 남편과 헤어지게 하고 무당으로 만든다. 이때 환생한 갑돌이는 그동안 번 돈으로 땅 투기를 하려던 중이었다. 갑돌이는 많은 곳을 물색해도 마땅한 곳을 찾지 못하고 있었는데, 친한 친구가 유명한 점쟁이가 있다면서 접신된 영자를 소개한다. 이것은 길동이가 영자의 몸을 점령하고 복수를 하기 위해서 갑돌이에게 기氣를 쏘아 영자를 찾아오게끔 유도했기 때문이다. 무당 영자를 찾아온 갑돌이는 영자가 신통하다는 것을 알고는 그녀가 일러 주는 지역을 아무 의심 없이 산다. 사실 이 땅은 가치가 없는 땅이다. 접신한 길동이가 갑돌이를 속인 것이다. 나중에 갑돌이는 모든 재산을 땅에 투자했는데 그 땅이 가치가 없음을 알고 울분을 참지 못해 자살하고 만다. 길동이는 복수를 끝내고 한을 풀어 1천영계로 돌아가고 접신된 영자는 신통력을 잃어버린 후 평범한 사람이 된다.

어머니의 접신 사건으로 여러 생각을 하게 된 나는 나중에 어떻게 해서 어머니께서 접신되었는지, 접신한 영靈은 누구였는지 나중에 꼭 알아봐야겠다고 굳게 다짐하고는 수련에 매진했다. 소주천 기운이 대추大椎에 이르렀을 때 강한 압력과 진동이 느껴졌다. 옛날부터 경추의 상태가 좋지 않았던 나는 기운이 경추를 지날 때 고생을 하리라고 짐작은 하고 있었지만 현실은 그 이상으로 힘들었다. 대추에 심하게 기운이 부딪히니 『천서』에 적혀 있는 대로 기운이 단전을 박차고 역으로 치올랐다. 턱까지 얼얼할 정도였는데, 한당 선생님께서는 "보통 이런 경우 기운이 명치까지 가는데 그 파장이 턱까지 전달되는 경우가 있다"고 하셨다. 기운이 대추를 뚫지 못하니 목을 타고 양 옆으로 흘러서 앞쪽 천돌天突 속으로 들어가기도 하고 어깨를 타고 팔까지 흘러가기도 했다. 대추에 부딪히는 압壓이 아주 심할 때는 마치 위에서 두 손으로 목을 잡아당기는 것 같았다. 수련을 끝내면 우두둑 하면서 뼈가 들어가는 소리가 들리기도 했다. 전체 소주천 수련 중에서 대추를 뚫는 것이 제일 힘들었고 여기서 거의 20일 가까이를 보냈다. 어렵게 대추를 지나자 백회百會로 기운이 흘러갔고 이내 하단전까지 유통되었다. 임맥에서 코밑 인중人中부터 목 밑 천돌까지는 대체적으로 기운을 잘 느끼지 못하는 곳인데 나는 그곳을 오히려 더 잘 느꼈다.

대추는 소주천이 완전히 끝난 이후에도 나를 괴롭혔던 곳이다. 이와 관련된 이야기를 하나 해 보겠다. 온양 수련이 거의 끝나갈 무렵, 어느 저녁이었다. 평소와 같이 소주천을 운기하는데 대추에서 강한 압력이 느껴져서 '온양이 끝나가고 있는데 어떻게 대추가 다시 막힐 수 있지' 하고 당혹스러웠다. 나중에는 이런 당혹감이 오기로 바뀌어 거의 열두 시간, 그러니까 밤새도록 한잠도 자지 않고 다음 날 새벽 동이 트고 해가 중천에 이를 때까지 대추와 씨름한 적이 있다. 아침이 되어서야 겨우 대추에서 기운이 흘러가는 느낌을 받을 정도였다. 나중에 알게 된 사실이지만, 대추는 몸의 상태가 좋지 않으면 약간의 통증이 느껴지거나 다소 과민 반응을 보인다고 한다. 그러니까 임독맥이 유통되어도 피로가 누적되거나 몸을 함부로 사용했을 경우, 소주천을 운기하면 대추 부분에 압壓이 느껴진다는 것이다. 그렇다고 기운이 흐르지 않는 것은 아니고 대추의 압壓이 너무 강해서 흘러가는 기운을 의식이 잡지 못하는 것뿐이라고 한다. 따라서 소주천이 끝난 분들은 이것으로 본인의 몸 상태를 알아차리고 몸을 잘 돌봐야 하겠다. 소주천을 이루었다고 자만하여 함부로 몸을 사용하면 반드시 과민반응이 나타날 것이다.

어렵게 소주천임독맥운기을 유통시킨 나는 예전에 실무진들이 하던 기력 시험 중 하나인 '벽뚫기'를 시도해 보았다. 먼저 도장 칸막이 벽부터 시작했는데, 처음 시작하자마자 뭔가 쑤욱 하고 파고드는 느낌이 나더니 조금 있다가 순간 허해지면서 어딘가에 다시 기운이 부딪힌 후 압력이 전혀 느껴지지 않았다. 뚫어진 것 같았다. 다소 자신만만해진 나는 이번에는 콘크리트 벽을 한 번 뚫어 보았다. 여기서 한 가지 알고 넘어 가야 할 것이 있다. 벽을 뚫는다고 하니 벽을 쉽게 관통하는 것으로 생각할 수 있는데 그런 것이 아니다. 기氣는 투과성이 있어 어떤 것도 투과해서 흐를 수 있지만, 그 힘이 약하면 물질을 쉽게 투과할 수 없다. 이러한 이치를 이용해서 '벽뚫기'를 통해 본인의 기력이 어느 정도인지 가늠해 보는 것이다. 처음 콘크리트 벽에 기氣를 쏘았을 때는 다소 실망하지 않을 수 없었다. 기운이 콘크리트 벽에 가로막혀 조금도 뚫고 들어가지 못하는 것이다. '이거 만만찮네' 하면서 계속 시도했지만 완전히 다 뚫을 수는 없었다. 한참을 하니 기운이 벽으로 파고들기는 했는데 중간 정도 가다가 더 이상 나아가지 않았다. 나중에는 기진맥진하여 할 수 없이 그만두어야 했다. 며칠 지나서 기력을 조금 더 보충하고 다시 도전해 보았다. 역시 쉽게 뚫리지는 않았지만 한참을 하니 쑤욱하고 기운이 벽을 파고들면서 뚫고 지나갔다. '그러면 그렇지, 뚫리지 않고 어떻게 버텨.' 나는 얼굴 가득 미소를 짓고 계속 연습해 보았다. 삼성동 본원에서는 5층의 도장 바닥을 뚫어서 1층까지 닿을 수 있을지 한 번 시험해 보려고 손을 바닥에 대고 기氣를 쏘았다. "하나, 둘, 셋,…" 이렇게 세면서 뚫어 보았는데 셋 다음에는 아무 기감을 느낄 수가 없었다. 다시 한 번 더 "하나, 둘, 셋, 넷, 다섯" 하는데 뭔가 강한 압력이 손바닥에 느껴졌다. 추측하기로 1층 바닥에 부딪히는 듯했다.

그 밖에도 소주천 행공인 화진법火盡法을 하다 잠시 투시가 된 적도 있었다. 화진법 수련을 해 보신 분들은 잘 알겠지만 화진법은 몸에서 불기운을 다 소진해 버린다는 뜻 그대로 상당히 힘들고 땀이 많이 나는 행공이다. 그날도 땀을 비 오듯이 쏟아내면서 행공 5번 동작을 하고 있었는데, 갑자기 도장 바닥이 하얀 빛처럼 보이더니 책상과 사람들이 보였다. 그러다 6번으로 자세를 바꾸니 보이지 않았다. 수련을 끝내고 4층으로 내려가서 사무실 안을 빼꼼이 들여다 보니 내부 구조가 아까 잠시 본 것과 유사했다. 아마 순간적으로 영안靈眼이 열렸나 보다.

한번은 소주천이 2~3초에 한 바퀴 정도 운기될 때였다. 그날따라 호흡도 괜찮고 해서 와식 수련을 하고 있는 어느 도반의 수련을 도와주려고 마음먹었다. 그래서 그 도반의 발쪽으로 앉아 소주천을 운기하면서 기운을 발산하고 다른 한편으로는 그 도반의 단전에 내 기운을 연결했다. 나중에 수련이 끝나고 나서 수련이 어떠했는지 물어 보니 몸이 붕 뜨는 느낌이 들면서 호흡이 아주 부드럽게 잘 되었다고 했다. 이때부터 다소 자신감을 얻은 나는 계속 여러 가지 시도를 하다가 나중에는 내가 수련으로 돕고자 하는 범위를 어느 정도 자유롭게 조절할 수 있게 되었다. 그런데 이것이 제법 기운을 소모하는지 이렇게 한번 돕고 나면 가끔씩 단전이 허한 느낌이 들곤 했다.

같이 함께 더불어

석문도문

天光
天路

온양

溫養

──────────────── 온양 溫養

온양溫養 수련은 극한의 의지를 끌어내어 일념정진, 용맹전진했던 단계였다. 온양도 특별한 지로 없이 『천서』를 참조로 수련했는데, 온양 수련은 하단전에 모은 기운을 독맥을 통해 머릿속에 있는 니환궁 백회까지 보낸 다음 니환궁 백회에 충만하게 축기하여 머리끝에서부터 발끝까지 기氣로써 적셔 내려오는 수련이다. 쉽게 말하면, 기氣로 목욕을 하는 셈이다. 처음 온양 수련을 하니 기氣가 독맥을 타고 백회까지 잘 올라가다가 백회에서 멈추고는 거기서 모이지 않고 자꾸 소주천통로를 따라 흘러내려가 버렸다. '이상하다. 왜 기운이 소주천통로로 흘러가 버리지?' 고개를 갸우뚱하면서 원인을 찾기 시작했다. 수련을 계속하다 보니 원인이 의식에 있었다는 것을 알게 되었다. 무슨 이유에서인지 나의 경우, 온양 심법만으로는 힘이 약해 백회에 기를 잘 모을 수 없었던 것이다. 그래서 나는 모든 의식을 단전에만 두지 않고 단전에 70%, 백회에 30%로 의식을 분할했다. 이렇게 수련을 하니 소주천통로로 흘러내려가 버리던 현상이 없어졌다. 백회에 기운이 조금씩 모이니까 머리가 아프기 시작했고 어떤 때는 멍해져서 생각을 잘 할 수도 없었다. 그래도 참고 계속 수련을 하니 수련하기 전에 두통을 아주 많이 겪었기 때문에 이 정도는 쉽게 참을 수 있었다, 이번에는 머리 위로 커다란 바위를 이고 있는 듯 묵직한 느낌이 들었다. 수련을 계속하니 나중에는 머리가 한결 맑고 시원해졌다. 현 사범은 보통 늦어도 보름 정도면 니환궁 백회에 기운이 다 찬다고 말했는데, 나는 한 달이 지나 한당 선생님께 점검을 받았는데 "이제 백회에 기운이 다 찼다."라고 하시는 것이다. 남들보다 최소한 두 배는 온양 수련이 늦다는 이야기였다. 앞이 캄캄하지 않을 수 없었다. '남들은 4~5개월이면 온양 수련이 끝나는데.' 남과 비교하는 마음이 생기면서 다소 의기소침해졌다.

'그래도 하다 보면 되겠지' 하고 힘을 내어 수련을 계속 했다. 그러다 기운이 머리를 흘러내리면서부터 하단전에 압壓이 강하게 느껴지면서 기운이 단전으로 들어가지 않는 듯한 느낌이 들었다. 나중에는 압壓이 전신으로 퍼지더니 숨을 들이쉬어도 코로 기운이 들어오지 않는 듯한, 그러니까 분명히 호흡을 하고 있는데도 기氣가 들어오지 않는 듯한 뭐라 말하기 힘든 현상이 생겼다. 갑자기 눈시울이 뜨거워졌다. '이럴 수가, 이렇게 어렵게 여기까지 수련을 했는데 기氣가 코로 들어오지 않다니.' 조금은 당황스럽기도 하고 또 조금은 화도 나면서 아주 복잡한 심정이 되었다. 한참 동안 넋이 나간 사람처럼 앉아 있다가 그래도 중단할 수 없다는 생각에 다시 힘을 내어 수련을 시작했다. 혹시나 했는데, 역시나 기운이 코로 들어오지 않았다. '그래, 누가 이기나 한번 해 보자.' 가슴속 깊은 곳에서 오기가 일어나 호흡을 강제로 유도하여 단전에 밀어 넣었다. 한참 동안 호흡과 씨름하다 보니 기운이 코로 들어오는 느낌이 들었다. 자신감을 얻어 계속 밀어붙이니 이제는 기운이 중완 정도까지 왔다. 계속 수련을 하니 기운이 빡빡하다 못해 딴딴해지는 듯하다가 어느새 온몸의 기압이 사라지면서 기운이 단전으로 들어갔다. 그때의 감격이란 이루 말할 수 없는 것이었다.

'세상에 안 되는 것이 어디 있는가? 하면 되지.' 단전으로 쑥쑥 들어가는 기감을 매우 강하게 느끼면서 수련을 하는데, 이번에는 엉치뼈가 아프기 시작했다.

'산 넘어 산이라더니 겨우 단전에 기가 들어가니까 이제는 엉치구나.' 아픔을 참으면서 계속 수련을 했지만 더 이상 버틸 수가 없었다. 아마 기운이 단전으로 들어가는 것을 느낀 지 10분이나 15분 쯤 지났을 것이다. 나는 결국 수련을 끝내고 말았다. 너무나 안타까워 눈물이 나올 지경이었다. 손으로 천천히 양발의 자세를 풀면서 시계를 보니 수련한 지 2시간 15분 정도가 되었다. 그러니까 기운과 장장 2시간 넘게 씨름한 셈이다. 호흡이 잘될 때 수련을 끝내고 일어났기 때문에 아쉬움이 컸지만 한편으로는 무언가 큰 것을 이룬 듯한 성취감이 들었다.

이렇게 평균 1시간 30분 정도씩 하루 네 차례 수련을 하고 1주일 정도 지나서 점검을 받으니 한당 선생님께서 중단전까지 기가 내려갔다고 말씀해 주셨다. 그런데 자세가 약간 전굴前屈되었으니 조금 뒤로 젖혀서 하라고 하시기에 자세에 유념하면서 수련을 계속했다. 머리에서 기운이 흘러내린 지 2주째 되는 날, 한당 선생님 가족, 현 사범과 함께 도장 1층에서 식사를 하던 중이었다. 한당 선생님께서는 "자세를 조금 더 뒤로 젖혀야겠어. 아직 기운이 앞쪽으로 약간 더 흘러." 하시면서 "옛부터 '하늘은 스스로 돕는 자를 돕는다'라는 말이 있는데 수련도 마찬가지지. 자신이 어떻게 하느냐에 따라 운도수運度數도 바뀌는 법이야."라고 뜬금없는 말씀까지 덧붙이셨다. 멍하게 있는 나를 다시 쳐다보시면서 어디까지 느껴지느냐고 물으시기에 "하주대맥까지 느낍니다."라고 답했다. 사실 허벅지 정도까지 느껴졌는데 다소 미약했기 때문에 강하게 느껴지는 하주대맥까지 말씀드렸다. 한당 선생님께서는 "정확하게 느끼고 있네. 잘하면 이번 달 안에 온양이 끝나겠네."라고 하셨다.

한당 선생님께 두 번의 점검을 받고 나서 특별히 그 달 안에 온양 수련을 끝내야겠다고 생각한 것은 아니었지만 '꾸준히 해야겠다', '어차피 수련이 실패하면 나에게는 삶의 의미가 없으니 목숨을 걸고 하자'라는 비장한 마음으로 수련에 임했다. 온양을 시작한 지 한 달하고 정확히 3주째 되기 이삼일 전날, 기운이 발끝까지 내려가다가 조금 있으니 백회에서 무언가 나와서 인당에 '퐁' 떨어지는 것이 아닌가. 아주 순간적으로 일어났지만 여운이 제법 오래 남았다. '떨어졌나보다' 하는 생각이 순간 뇌리를 스쳤다. 온양은 앞서 설명했듯이 머리에서 발끝까지 모든 세포 하나 하나를 기氣로 적시고 나면 백회에서 인당으로 무언가가 떨어지는데, 이런 현상이 있어야 온양 수련이 끝나게 된다.

수련을 마친 후에 현 사범에게 물어 보니 온양 수련이 끝난 것 같다면서 내일 한당 선생님께 한번 여쭈어 보라고 했지만, 다음 날 선생님께 여쭈어 보지 못했다. 이런 저런 말씀드릴 때를 살피다가 하루를 보낸 것이다. 그날 저녁 자시 수련을 하는데, 이번에는 인당으로 두 번이나 연달아 떨어지기에 내일은 반드시 여쭈어 봐야겠다고 생각하고는 흥분된 마음을 달래가며 겨우 잠을 청했다. 드디어 아침 햇살이 창문을 비추었다. 선생님께서 오시기만을 기다리던 당시 선생님께서는 잠시 수원에 계셨다 나는, 전화 한 통화로 하루 일진을 볼 수 있다며

신문에 나온 운세 광고를 보여 주는 현 사범에게 설득되어 수화기를 들고 번호를 눌러 보았다. 수화기 속에서 들려오는 기계음은 하루 일진이 아주 좋은데 특히 오전 운이 좋다고 했다. '분명히 온양 구슬이 떨어지긴 떨어졌나 보다.' 내심 다시 확신이 들어 '오늘은 반드시 선생님께 여쭈어 봐야지' 하고 굳게 결심하고 한당 선생님께서 오시기만을 기다리고 또 기다렸다.

선생님께서는 점심시간 조금 전에 도착하셨다. 점심식사를 드시고 담소를 나누시던 선생님께 나는 용기를 내어 온양 수련 점검을 부탁 드렸다. 선생님께서는 "인당에 떨어지고 나니 어떤 감각이 들지? 떨어지는 그것의 크기가 얼마나 돼?" 하시며 떨어진 당시의 상태를 물으셨다. 나는 한동안 말을 못하다가 "크기는 꼭 꼬마 애들 가지고 노는 구슬보다 조금 큰 것 같았는데… 아! 탁구공 정도였습니다."라고 말씀드렸다. 한당 선생님께서 "아마 오백 원짜리 동전 크기만 했을 거야." 하시기에 나는 얼른 "예, 탁구공 크기만 했어요."라고 반복해서 말씀드렸다. 선생님은 "크기는 오백 원짜리 동전만 하고 그러면 느낌은?" 하고 재차 감각을 물으셨는데 이번에는 무어라 대답을 못하고 있었다.

그러자 다시 "여운이 오래 남았느냐?"라고 물어보셨다. 말씀이 떨어지자마자 "여운은 아주 오래 남았습니다. 어제 자정에 떨어졌는데 지금까지 인당 주변이 뻐근합니다."라고 말씀드렸다. 선생님께서는 "아마 떨어졌나 보다, 나중에 다시 한번 점검해 보자." 하시고는 집무실로 들어가셨다. 저녁이 되자 선생님께서는 사범들을 모두 불러서 수련점검을 해 주시면서 내게 "떨어졌는데, 대주천 수련에 바로 들어가지 말고 일주일 정도 힘을 채운 다음 넘어가도록 해라."라고 말씀하셨다. 그러니까 정확히 온양 수련을 시작한지 두 달 만에 대주천 수련에 들어간 것이다. 어려운 온양 수련이 이렇듯 남들보다 빨리 끝났던 것은 '넘어서지 못하면 내가 죽는다'는 일념의 정신과 꾸준한 인내와 끈기에 따른 정성이 있었기 때문이라고 생각한다. 아마 모든 수련단계 중에서 온양 수련만큼 내가 열심히 한 적도 없으리라.

한당 선생님께 떨어졌다는 말씀을 듣고 계속 온양 수련을 하던 중이었다. 한번은 수련을 하는데 갑자기 아래가 허전해지면서 앞으로 넘어지려고 하기에 수련하다 말고 눈을 떠 다리를 쳐다보니 별 문제가 없었다. 그래서 다시 수련을 하는데 이번에도 똑같은 현상이 생기면서 마치 몸이 떠오르는 듯한 느낌이 들어 또다시 눈을 뜨고 아래를 내려다보니 그대로 있는 것이다. 너무 이상해서 다시 눈을 감고 수련에 젖어들어가니, 역시 같은 현상이 일어나서 '이거 수련을 잘못한 것 아닌가' 싶어 수련을 끝내고 재빨리 일어나 버렸다. 이런 현상이 이삼일 동안 계속 되었다. 선생님께 여쭈어 보지는 못하고 '수련 중에 보통 일어나는 일이겠지'라고 생각하고 계속 수련을 했는데, 나중에는 그런 특이한 현상이 사라져 안심하고 수련을 할 수 있었다.

후일, 한당 선생님께서 선호 도반과 다담을 나누시면서 내게 차를 한 잔 내라고 하신 적이 있었다. 그때 선호 도반이 나와 똑같은 현상을 겪었다면서 선생님께 어떤 현상인지 여쭈어 보는 것이다. 나는 손으로는 차를 내면서 귀로는 한당 선생님의 말씀을 유심히 듣고 있었다. 한당 선생님께서는 "하단전의 기압 때문에 유체가 밀려나간 것인데 심할 경우에는 대기권 밖까지 밀려나가기도 하지요." 하시더니 "그런 현상은 수련이 잘될 때 생깁니다. 보통 수련하다 보면 몸이 한없이 커지거나 한없이 작아지는 느낌이 들 때가 있는데, 유체가 밀려나가는 것은 그보다 더 수련이 잘되어서 생기는 현상입니다." 라고 하셨다. 선호 도반이 다소 놀라면서 "그러면 밀려나간 유체는 어떻게 다시 원래 상태로 돌아올 수 있습니까?"라고 여쭈었다. "그냥 그대로 계속 수련하다 보면 유체가 자연스럽게 몸으로 들어옵니다."라고 하시기에 나는 차를 내다 말고 "저도 그런 현상이 몇 번 있었는데 그때마다 겁이 나서 수련을 그만두었습니다. 지금 선생님 말씀을 듣고 보니 그냥 그대로 수련할 걸 그랬습니다."라고 말을 꺼냈다. 한당 선생님께서 언제 그랬냐고 물으셔서 온양 수련이 끝날 때쯤 그랬다고 하니 "그래. 보통 그런 현상은 대주천 이상부터 생기는데 조금 빠르네."라고 하셨다. 다소 시간이 지난 뒤였지만 왜 그런 현상이 생기는지 알게 되어 다행스럽게 생각했다.

그런데 신비한 경험은 이뿐만이 아니었다. 온양 수련을 하다가 단전에서 압_壓이 형성되는 것을 느꼈을 때, 본능적으로 대처할 준비를 하고 호흡을 평소보다 조금 길게 했다. 호흡 길이를 평소보다 조금 길게 하면 단전으로 내려가는 기운이 가늘어지면서 날카롭게 파고드는 힘이 생긴다. 일종의 지식에 가까운 조식법인데, 이렇게 하면 단전에서 생기는 기압을 뚫고 단전으로 기운을 내려보내기가 용이해진다. 또한 의식을 좀 더 단전에 집중하게 되면서 단전에 갈무리되는 힘이 평소보다 조금 더 강해진다. 이런 방법으로 수련을 하고 있는데, 이 압_壓이 단전을 넘어서서 온몸으로 퍼지더니 종래에는 몸 밖으로 퍼져 나가면서 하나의 막을 형성하는 것이 아닌가? 잠시 후, 내가 마치 바닥에서 2~3cm 정도 떠 있는 것 같아서 눈을 살짝 떠 보니 물론 수련을 계속하면서 눈만 뜬 것이다 아무 이상이 없었다. 그래서 계속 수련하니 다리와 바닥 사이에 강한 기압이 형성되는 것이 느껴졌다. 좀 더 깊이 수련에 젖어 들려는데 사범실에서 전화가 왔다고 찾는 바람에 수련을 끝내고 일어나야만 했다.

일주일 동안 계속 온양 수련을 반복하다가 온양 기운이 머리에서 발끝까지 다 적셔 내려가서 인당에 떨어지기까지 몇 분이나 걸리는지 한번 알아보고 싶다는 생각이 들었다. 그래서 시간을 재면서 수련을 해 보았는데 가장 빠를 때가 5분이었다. 이때는 기운이 조금 약하다는 생각이 들었고, 8분대에 끝을 냈을 때는 기운 상태도 만족스러웠다. 그러니 석문호흡을 하는 수련자는 단계가 올라가는 데 급급해하지 말고 매 단계 충실하게 조금씩 다져가며 공부를 할 필요가 있다. 특히, 꾸준하고 지속적으로 수련을 반복하는 습관의 중요성을 인식해야 한다.

온양 수련이 끝날 무렵, 나는 한당 선생님께 단전그릇을 점검하는 방법을 전수받게 되었다. 이것은 손으로 기氣를 쏘아 몸속에 있는 단전그릇을 만져봄으로써 단전의 상태를 알아 내는 방법이다. 실제 단전그릇이 완전히 형성된 경우 마치 그릇을 잡는 듯한 느낌이 들고, 그렇지 않은 경우 젤리 같은 것을 만지는 느낌이 든다. 여러 번 반복하면 거의 정확하게 점검할 수 있게 된다.

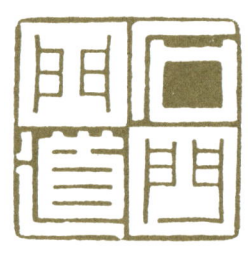

같이 함께 더불어
석문도문

天光
天路

대주천

大周天

─── 대주천 大周天

대주천大周天 수련은 몸에 있는 오심五心, 즉 양발의 용천湧泉, 양손의 노궁勞宮, 머리의 백회를 뚫어 천지대자연의 기氣와 통하는 수련이다. 이전까지의 운기 수련이 무의식에 가까운 수련이었다면, 대주천부터는 의식을 사용하여 수련을 하게 된다. 온양을 통해 인체 내의 임독맥이 진기의 소생처가 되었기 때문에 진기가 생기로 화하는 것은 걱정하지 않아도 된다.

일년 가까이 습관처럼 해 오던 무의식 수련 방법이 의식 수련으로 바뀌면서 대주천 수련법에 적응하는 데에 시간이 좀 걸렸다. 사실 첫날 수련을 할 때 오심이 쉽게 뚫려 이상하다 싶었는데, 점검을 받아 보니 이제 겨우 단전에서 회음 쪽으로 기氣가 내려가고 있었다. 생기에 의한 가통假通이었다. 여기서 한 가지, 꼭 유념해야 할 것이 있다. 진기는 생기와 달리 처음에는 움직임이 아주 느리다는 사실이다. 따라서 처음에는 진기가 따라갈 수 있도록 의식으로 천천히 유도하여 통로를 뚫어야 하고, 통로가 뚫린 후 어느 정도 안정이 되면 그때 조금씩 빠르게 이끌어야 한다. 내 경우는 수련을 시작하자마자 오심을 뚫었다고 생각하고 기운을 빠르게 이끌었기 때문에 진기가 의식을 쫓지 못했고, 그러다 보니 진기의 움직임이 그치고 생기가 의식을 따라갔던 것이다. 생기도 기氣이기 때문에 그 감각은 서로 비슷하다. 약간의 차이점은 대주천 수련 중 발목에서 용천, 손목에서 노궁, 그리고 백회를 뚫을 때 잘 드러난다. 특히 발목에서 용천을 뚫을 때 생기는 발바닥 한가운데로 기氣의 반응이 일어나는데 반해 진기는 발 정중앙을 지나 정확히 용천을 뚫고 나간다. 그 감각 또한 생기감보다 강하다. 불비타인不比他人이겠지만, 내가 느낀 기감은 마치 무를 젓가락으로 관통시키는 듯했다. 노궁이나 백회도 대체적으로 생기의 감각은 퍼지면서 폭넓게 일어나고 진기의 감각은 응집되면서 강하고 중후하게 일어난다.

진기로 양다리를 뚫고 나서 하단전을 거쳐 중단전으로 끌어올리면 하단전이 조금 안으로 숨으면서 중단전에 기氣의 반응이 온다. 중단전이 쪼이는 듯한 느낌이 들거나 뻐근하면서 탁구공 크기만 하게 압축되는 느낌이 드는데, 아마 처음 단전에 기氣를 모았을 때와 유사한 느낌일 것이다. 하단전이 안정되어 안으로 약간 들어가서 그런지 중단전으로 기氣를 끌어올리다 보면 기운 하나는 앞쪽 임맥으로, 다른 기운 하나는 뒤쪽 독맥으로 타고 올라오는 느낌이 들 수 있는데, 이

때는 하단전을 몇 번 가볍게 치고 나서 다시 수련을 시작하면 된다. 하단전에 약간 충격을 주면 안으로 살짝 들어갔던 단전이 밖으로 조금 나오게 되면서 기운이 둘로 나뉘지 않고 바로 중단전으로 간다.

대주천 수련을 하는 도반들을 지로해 보면 심하게 막힌 통로를 뚫기 위해 여러 가지 방법을 동원하는데, 내 경험에 의하면 역시 꾸준히 수련하여 단전에서 축기된 기운으로 뚫는 것이 제일 좋다. 한번은 대주천 수련을 하면서 왼쪽 팔을 뚫는데 진기가 손목 부분에서 움직이지 않고 멈추었다. 며칠간 지식을 사용했는데도 뚫리지 않고 그냥 그대로 있는 것이다. 그래서 편법으로 침을 놓아 보기도 하고, 노궁으로 기를 끌어당겨 거꾸로 뚫어 보기도 하고, 다른 사람에게 노궁으로 기를 쏘아 달라 해서 뚫어 보기도 했지만 역시 마찬가지였다. 이러한 방법은 아니다 싶어서 급한 마음을 자제하고는 인내를 가지고 꾸준히 이삼일 정도 수련을 하니 진기가 손목을 지나 노궁을 재빠르게 뚫고 나갔다. '역시 수련은 정법正法으로 꾸준히 하나씩 하나씩 이루는 것이구나' 하고 가슴 깊이 새겼다. 이렇게 수련을 하다 보니 보통 두 달당시에는 대주천 수련이 보통 두세 달 안에 끝났다 정도 걸리는 수련이 나는 5개월이나 걸렸다. 그래서 다 이루었을 때의 감회는 무어라 형언할 수가 없었다.

대주천을 다 이룬 어느 날, 내 단전이 얼마나 많은 기운을 갈무리 할 수 있는지 시험해 보고 싶은 생각이 들었다. 와식 자세로 누워서 오심으로 진기를 끌어당겨 단전에 모으기 시작했는데 한 시간이 지나도 계속 기氣가 들어오기에 중도 포기하고 일어섰다. 그만큼 단전에서 수용할 수 있는 기운의 양이 많다는 뜻이 되고 아울러 대주천 수련이 실로 놀라운 힘을 가지고 있다는 증거도 된다.

또한 『천서』에 언급되어 있듯이, 대주천 수련을 하다 보면 삼주三珠가 많이 닦여서 영력이 커지고 궁금한 것에 대한 해답이 영감으로 떠오르는 경우가 종종 생긴다. 나도 그런 경험을 여러 번 한 적이 있다. 한번은 친한 친구 종서를 청량리 부근에서 만나 커피숍에서 차를 마시며 이야기를 나누다가 종서가 여자 친구 자랑을 하길래 "어떻게 생겼을까?" 하고 궁금증을 품으니 갑자기 어떤 형상이 보였다. 친구에게 보았던 상像을 그대로 말해 주면서 여자 친구가 그렇게 생기지 않았냐고 하니, 친구가 깜짝 놀라면서 어떻게 알았는지 묻기에 "그냥 다 아는 수가 있지." 하고 자랑한 적이 있었다.

대주천 수련을 하다 보면 여러 현상을 접할 수 있는데, 내 경우에는 기화신 수련 때나 있을 법한 일도 있었다. 한번은 도장에서 자시 수련을 하던 중이었다. 수련을 시작하고 조금 있으니 갑자기 앞이 환해지면서 밝은 빛이 보였다. 불을 끄고 수련을 시작했는데, 누가 불을 켰나 싶어 눈을 떠 보니 주위는 캄캄한 어둠밖에 없었다. 고개를 갸우뚱하고 다시 수련을 하는데 역시 마찬가지라, 놀란 마음에 수련을 끝내고 사범실로 급하게 나온 적이 있었다. 한당 선생님께 여쭈니 "잠시 단전의 빛을 보았나 보다."라고 하셨다. 나중에 양신 수련을 하면서야 그때 그 빛이 단전에서 나온 빛이었다는 것을 확신하게 되었다.

그 밖에도, 대주천부터 전신주천 사이에 많은 신비로운 일을 겪었는데, 그 중에서 생생하게 기억나는 체험 한두 가지만 이야기해 보겠다. 옛부터 사람들은 산 속에 신령스러운 존재인 산신령이 있다고 믿었는데 이런 산신령을 직접 본 적이 있다. 주말이라 수련지로도 없고 해서 사범들끼리 가까운 관악산에 등산을 갔다. 산 밑에서 천천히 걸어 올라가니 정상까지 한 시간 남짓 걸렸다. 정상에 도착한 우리는 잠시 휴식을 취하고 평평한 바위를 골라 수련을 시작했다. 당시 대주천 수련을 하던 나는 수련 도중에 '도화제 사범 청월淸月이 관악산 정상에서 수련을 하고 있사오니 산신령께서 이 산에 있다면 잠시 모습을 보이시어 안목을 넓혀 주십시오.'[9] 하고 간절히 청하면서 기운을 발산했다. 잠시 후 앞에서 바람이 불어오더니 멀리서 구름 비슷한 것이 다가오는데 그 위에 사람처럼 생긴 무언가가 있지 않겠는가! '저것이 무엇일까?' 하고 살펴보는데 구름이 점점 가까이 다가왔다. 구름 위에는 백발에 동안의 할아버지께서 하얀 도포를 입고 지팡이를 들고 있었다. 순간 산신령인가 보다 싶어 경건한 마음으로 '이렇게 모습을 보여 주셔서 감사합니다'라고 마음속으로 인사를 하니, 이번에는 조금 더 확대되어 얼굴만 크게 보였다. 보통 산신령이라고 하면 이목구비가 뚜렷하고 백발에 동안을 가진 선풍도골仙風道骨의 풍채를 상상하게 된다. 그런데 관악산 산신령께서는 이목구비가 아주 개성이 강했다. 특히, 코와 입 부분이 인상적이었다. 산신령께서는 아무 말 없이 모습만 보이고는 홀연히 사라졌다. 때마침 바

---

9) 석문도법의 석문호흡법은 그 시대의 의식·인식·습관을 인정·존중·배려하여 같이 함께 더불어 하면서 사람들을 지로·인도·안내한다. 도문 초기에는 그 당시 사람들의 의식·인식·습관을 인정·준중·배려하여 신심信心을 일으키는 데 도움이 될 정도의 기초적인 도력을 쓰는 것은 묵인되었다.

하지만 후천을 완성하고 추수하여 결結 짓는 흐름과 형국이 무르익는 가운데 조금 더 높은 차원의 의식·인식·습관으로 상승·확장·발전하도록 지로·인도·안내하면서 도계 입천 이전에 이러한 도력道力을 다루는 공부는 권장하지 않는다.

도계 입천 이후에는 그만큼 의식·인식·습관이 상승·확장·발전하여 천지인 섭리·율법·법도에 입각하여 그에 합당한 근거와 그 근거에 따른 명분과 당위성에 합당하게 운신하게 되므로 자연스럽게 사술私術이 아닌 정술正術로서의 도력을 익히게 된다.

한조님께서 '만 가지 술수를 익히는 것보다 한 마음 꿰뚫는 것이 낫다'고 하신 말씀과 한당 선생님께서 '사람의 마음을 얻는 것이 가장 큰 도력이다'라고 하신 말씀은 이러한 맥락에서 이해할 수 있다.

한 가지 더 첨언하면, 한조님의 경우 이러한 보편적인 기준과 원칙을 떠나서 한조님께서 가지신 위상에서만 가능한 역사일 수 있다는 점을 염두에 두어야 한다. 따라서 이 책에 나오는 한조님의 도력과 심기운용에 관한 체험들은 모두 이러한 관점을 바탕에 두고 참고를 하면 된다.

람이 조금 전과 달리 뒤에서 불어오기 시작했다. 수련을 마치고 나서 동행한 사범들에게 "바람이 이상하게 앞에서 불다가 뒤에서 불어오기 시작합니다. 무슨 연유인지 모르겠네요."라고 하니 "산정상이다 보니 바람의 변화가 급작스러운 거겠지요."라고 진의 사범이 말했다. 그때까지 긴가민가하던 나는 산 밑 오두막집에서 파전을 먹으며 정상에서 겪은 체험을 이야기하니 진의 사범은 "대주천 수련밖에 안 되는데 어떻게 산신령을 본단 말입니까? 아마 잘못 보았거나 환상일 겁니다."라고 했다. 그래서 나중에 한당 선생님께 한번 여쭈어 보자고 하고 더 이상 시시비비를 가리지 않았다.

그로부터 한 달 정도 지나 한당 선생님과 사범들이 차를 함께 하던 중에 산신령 이야기가 나왔다. 한당 선생님께 한 달 전에 있었던 일을 말씀드리면서 내가 본 것이 산신령인지 여쭈어 보았다. "관악산 산신령이 어떻게 생겼더냐?" 하시기에 "다른 것은 잘 모르겠고 코하고 입이 아주 인상적이었는데, 뭐랄까 생각보다 그렇게 잘 생기지는 않았습니다. 다만, 얼굴이 굉장히 동안이었고 또 머리가 은백색이었습니다." 하니 선생님께서는 맞다고 하시면서 "관악산 산신령은 이가 뻐드렁니고 얼굴이 아주 개성있게 생겼다."고 덧붙이셨다.

또 한번은 새벽까지 한당 선생님께서 사범들과 차를 함께 드시다가 사범들 모두가 "본원 상공에 신선궁神仙宮이 있다고 하셨는데 저희에게 한번 보여주실 수 없습니까?"라고 간절히 청하니 "그러면 오늘 너희에게 양신을 붙여 줄 테니 한번 보거라." 하시면서 방법을 일러주셨다. 차를 다 먹은 후, 다른 사범들은 피곤하다면서 자 버렸고 나와 석운 사범만이 수련실로 가서 선생님께서 일러주신 방법대로 행했다. 수련에 들어가기 전에 나는 천지의 신명들께 감사의 말씀을 드리고 행했는데, 조금 있으니 맑은 하늘이 보이고 그 위에 구름들이 보였다. 그리고 저 멀리 사람 같은 형상이 보이더니 이내 가까이 다가왔다. 바로 하얀 도포를 입은 할아버지였다. 머리에는 사극에 나오는 임금의 상투처럼 찬란하게 빛나는 황금색 비녀 같은 것을 꽂고 있었고, 얼굴은 동안에 수염은 그리 길지 않았다. 조금 있으니 선녀 같은 여자가 나타나 아리따운 옷을 입고 자태를 뽐냈다. 순간 '이게 정말일까?' 하고 의심이 들었다. 그러자 보이던 장면이 갑자기 멀어지더니 커다란 창 같은 것이 보이고 조금 있다가 아주 높은 절벽에 서 있는 커다란 성의 형체가 보이더니 이내 앞이 캄캄해져 버렸다. 아무리 다시 보려고 해도 아무것도 보이지 않아 눈을 뜨고 자리에서 일어나 버렸다.

다음 날 아침, 한당 선생님께서는 사범들에게 간밤에 신선궁을 보았느냐고 물으셨다. 현 사범이 피곤해서 자 버렸다고 대답하니 선생님께서 노기를 띠시기에 "저와 석운 사범은 일러주신 대로 했습니다." 라고 재빨리 말씀드렸다. "그래, 어떠하더냐? 본 것을 그대로 이야기 해 보거라." 하셔서 석운 사범이 먼저 이야기했는데, 성은 보이지 않고 커다란 꽃밭이 있어 거기에 있는 선녀처럼 예쁜 여인과 담소를 나누다가 왔다고 했다. 나는 본 그대로를 말씀드리니까 한당 선생님께서는 "청월은 의심을 해서 문 앞에서 쫓겨났고, 석운은 정성이 부족해서 궁宮 안에 들어가지 못하고 궁宮 밖에 있는 꽃밭만 봤구나." 하셨다. 또 한당 선생님께서는 내가 본 할아버지가 신선궁을 지키는 수문장이고 옆의 여인은 수문장을 돕는 선녀였다고 하시면서 석운 사범이 본 여인은 꽃밭을 가꾸는 선녀였다고 일러주셨다.

대주천 수련을 하면서 이렇듯 신비로운 선경仙境을 보기도 했지만 여러 가지 번민도 있었다. 그중 하나는 집안일이었다. 내가 학교를 졸업하고도 직장을 잡지 않고 도문에 계속 남아 있겠다고 어머니와 형들에게 말씀드리자 모든 가족이 반대를 했다. 그런데 어느 날, 아마 삼성동 본원에 있을 때인 듯하다. 한참 수련을 하고 있는데 한 사제가 집에서 전화가 왔다면서 수련을 깨웠다. '무슨 일일까?' 다소 긴장된 마음으로 수화기를 드니 작은형의 목소리가 들렸다. 작은 형은 "아버지께서 돌아가시면서 물려주신 양식업이 오염이 심해 더 이상 생계 수단으로 삼을 수 없게 되었다. 그래서 어렵게 젖소를 구입해서 낙농을 시작했는데, 젖소들이 낳은 새끼들이 자꾸 죽더니 이번에는 어미 소들까지 죽는다."라고 말했다. 작은형은 "왠지 모르겠지만 네가 빌어 주면 한결 나을 것 같다. 하늘에 좀 빌어 주면 안되겠냐?"고 했다. 그래서 "알았어요."라고 대답하고 다른 별일은 없는지 물으니 "전화로 이야기하기 어려우니 다음에 집에 오면 다시 이야기하자"고 해서 안부만 묻고는 끊었다.

나중에 고향에 가 보니 집안이 완전히 사면초가였다. 양식업이 계속 실패하는 바람에 부채가 늘어난데다가 젖소도 계속 죽고, 거기에 설상가상으로 아버지께서 유산으로 물려주신 땅에 집을 짓지 않으면 차압을 한다고 통보가 와서 급히 빚을 내어 집을 짓던 중에 난데없이 세금이 900만원이나 나오는 등 여러 가지 악운이 겹쳐 있었다.

어려운 집안 형편으로 번민에 사로잡혀 있는데 한당 선생님께서 갑자기 "차 한 잔 하자."고 하셨다. 차를 먹으면서 선생님께서는 "요즘 숨이 턱턱 막히지."라고 말씀을 건네셨다. "수도 중에 고苦가 있는 것은 하늘에서 그 수도자를 공부시키려고 주는 것인데, 수도자 입장에서는 고통스럽고 힘들기 때문에 고苦가 없었으면 하는 마음이 생기지. 그러나 이것이 오히려 하늘에 삼배를 해야 할 만큼 고마운 일이야. 열심히 수련해야겠지. 하늘에서 그만큼 신경을 쓰고 있으니 말이야." 하시며 격려해 주셨다.

우여곡절 끝에 대주천 수련이 끝났는데, 이번에는 선생님께서 다음 단계로 넘어가는 것을 허락하지 않으셨다. 어쩔 수 없이 계속 대주천 수련을 하다 보니 오심을 한번에 운기하는 데 몇 초도 걸리지 않게 되었다. 한번은 여느 때와 마찬가지로 자리에 앉아 대주천 수련을 복습하고 있었다. 오심을 수십 번 운기하고는 이 정도면 삼십 분은 지났겠지 싶어 눈을 떠 보니 아직 십 분도 지나지 않은 적이 있었다. 운기가 빨리 되다 보니 이제는 지루해지기 시작하고 다음 단계로 넘어갔으면 하는 마음이 생겨 한당 선생님께 다음 단계로 넘겨 달라고 간청을 했다.

그랬더니 선생님께서는 난데없이 "지구를 뚫는 데 몇 분이 걸리더냐? 오른손이 빠르더냐, 왼손이 빠르더냐? 아마 네가 오른손잡이니까 오른쪽이 더 빠르겠지. 1분 안에 뚫리더냐?" 하고 내가 도저히 알아들을 수 없는 말씀만 하셨다. 넋 나간 사람처럼 멍하니 앉아 있다가 "사부님 그게 무슨 말씀이십니까? 도무지 알아들을 수가 없습니다." 라고 하니 "거 봐라. 네가 내 말도 알아듣지 못하는데 어떻게 열심히 수련했다고 하느냐. 정말로 열심히 했다면 벌써 이 정도는 알아들어야지." 하시면서 설명을 해 주셨다. 대주천 정도의 기력이면 지구 정도는 뚫을 수 있다고 하셨다. 그래서 한당 선생님 말씀이 끝나기가 무섭게 시도를 해 보니 오른손은 5분 정도, 왼손은 7~8분 정도 걸렸다. 지구를 뚫는다는 마음으로 지면에 대고 강한 기운을 쏘니 처음에는 물이 솜에 스며들 듯이 천천히 뚫고 들어가다가 이내 빠른 속도로 파고들었다. 조금 있으니까 순간 허전해지기에 뚫렸나 보다 생각했는데, 이내 다시 압壓이 느껴지고 파고드는 듯한 느낌이 들었다. 계속 뚫으니 이번에는 정말로 다시 허전해지면서 기운이 쑤욱 밀려들어갔다. 다 뚫린 것이다. 처음에는 신기해서 이런 식으로 여러 번 연습했는데 계속 하다 보니 차츰 흥미가 줄어서 그만두었다.

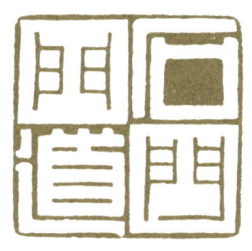

같이 함께 더불어

석문도문

天光天路

일월성법

日月星法

일월성법 日月星法

일월성법 日月星法은 천지 대자연의 근간을 이루는 해, 달, 별의 기운을 끌어 수련자의 기운과 일치시키고 하나로 합일하는 수련이다. 이 법은 본래 정규 수련 과정이 아니었는데, 기력을 강화시키려는 목적으로 한당 선생님께서 새로 만드신 것이다. 그렇기 때문에 이 법을 수련하는 분들은 이전 단계 대맥운기에서 대주천까지 수련의 복습에 많은 시간을 할애해야 한다. 일월성법은 하루에 30~40분 정도, 그러니까 일법, 월법, 성법을 각각 10분에서 20분 정도만 하면 된다. 이 수련을 너무 많이 하면 머리가 어지럽거나 몸이 축 처지는데 피곤한 것도 아닌 상태가 될 수 있다. 이는 일월성의 기운이 너무 강하여 몸에서 다 갈무리하지 못하기 때문이다. 다시 말하면 내 몸에서 기氣를 수용할 수 있는 한도가 100 정도인데, 기氣가 200 정도 들어오면 나머지 100의 기운에 몸을 맞추려는 과정에서 이상한 증상이 생기는 것이다.

그러면 일법日法·월법月法·성법星法을 차례대로 살펴보자. 첫 번째, 일법은 태양의 정기를 백회로 받아 척추 속으로 끌어내려서 명문에 모으는 것을 말하는데, 이 수련을 오래하다 보면 양중음陽中陰의 이치를 몸으로 터득하게 된다. 여기에 해당되는 내 체험 하나를 소개해 보겠다. 나는 일월성법을 초여름부터 시작했는데, 일법 수련은 하루 중 태양이 머리 위로 오는 11시 30분에서 13시 30분까지가 가장 잘 되는 시간대다. 무더운 여름, 그것도 한낮에 밖에서 일법을 하다 보면 처음 몇 분간은 온 몸에 땀이 많이 나서 마치 물을 뒤집어 쓴 것처럼 되어 버린다. 그러나 계속하다 보면 몸 안쪽에서 시원한 감각이 생겨 피부는 땀이 흥건하지만 몸속은 시원해지는 특이한 현상이 일어난다. 이는 태양에 뜨거운 양기陽氣만 있는 것이 아니라 음의 성향도 있음을 보여 주는 것으로 양중음陽中陰의 이치를 체험한 것이다. 일법을 계속 수련하다 보면 태양이 백회로 들어와서 명문에 자리잡는 느낌을 받는 경우가 있는데, 태양의 기운과 합일이 되어 하나가 되었기 때문이라 생각한다.

두 번째, 월법은 중단전 옥당으로 달의 정기를 받아 임맥을 타고 회음에 모으는 것인데, 수련하다 보면 마치 허공에 뜨는 느낌이 들기도 한다. 계속 하다 보면 달이 마치 눈앞에 있는 듯 커다랗게 보이기도 하는데, 이때부터 달과 조금 더 친밀감을 느끼게 된다. 월법에 대한 나의 일화를 하나 소개해 보겠다. 월법 수련을 하던 중 25년 만에 처음으로 친구들과 어떤 섬에 2박 3일로 야영을 갔다. 야영 첫날, 우리는 멋진 추억을 만들기 위해 밤하늘에 달이 뜨기를 기대하고 있었는데, 그날따라 하늘이 마치 검정물감을 쏟아부은 듯 온통 깜깜했다. 그때 친구 한 명이 "김 도사! 달 좀 나오게 해 봐라." 하기에 나도 모르게 월법을 하게 되었다. 기운이 중단전을 타고 회음에 모여 가득 찬 느낌이 들 때쯤 '달이 나타나 주었으면' 하는 간절한 마음으로 계속 수련을 하고 있었다. 그런데, 잠시 후 기적이 일어났다. 깜깜한 하늘에 갑자기 둥근 보름달이 모습을 드러내더니 조금 있다 별들까지 하나 둘씩 나타나기 시작한 것이다. 순간 장난처럼 말을 했던 친구와 나는 넋이 나가 한동안 멍하니 서있었다. 어떻게 해서 이런 현상이 생겼는지는 정확히 몰라도, 아마 간절한 내 마음과 월법의 힘이 하늘을 움직였던 듯하다.

세 번째, 성법은 별의 정기를 인당으로 당겨 하단전 석문에 모으는 것인데, 일법이나 월법에 비해 예민하게 기감을 느낄 수 있는 수련법이다. 한당 선생님께서는 성법을 하실 때 마치 별이 총알처럼 인당으로 다가와서 깜짝 놀라 뒤로 몇 걸음 물러선 적이 있다고 하셨다. 나도 한당 선생님과 같은 체험을 해 보려고 무척이나 노력했지만 기력의 차이 때문인지 그렇게 되지는 않았다. 그러나 은백색의 기운이 나선형을 이루면서 인당으로 들어오거나, 아니면 만화영화의 광선처럼 중심은 일직선으로 쭉 뻗어오고 가장자리는 나선형으로 돌면서 인당으로 들어오는 것이 보이기도 했다. 또한 별의 기운을 끌다 보면 별빛이 눈에 띄게 줄어드는 것을 볼 수도 있었다.

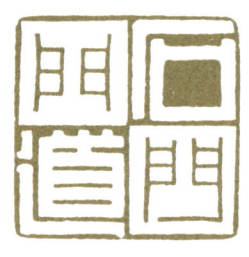

같이 함께 더불어
석문도문

天光天路

풍수법

風水法

풍수법風水法

풍수법風水法은 일종의 도술道術수련으로, 처음 만들었을 때는 풍수지리법이었으나 나중에는 풍수법과 선인법仙人法으로 나누어졌다. 풍수법은 마음을 주관하는 중단전의 특성을 이용하여 땅과 강, 바다, 산 등의 감정을 그대로 느끼고 알 수 있는 수련법이다. 그러나 처음부터 어떠한 감정이 일어나리라 생각하고 기다리면 안 된다. 처음에는 일단 끌어당기는 기운이 좋은지 부담스러운지부터 감지하도록 연습해야 하고, 그것이 어느 정도 되면 이번에는 좋으면 어떻게 좋고 부담스러우면 어떻게 부담스러운지 감각을 좀 더 세분해 들어가야 한다.

이렇게 꾸준히 하다 보면 나중에는 감정이 느껴지는데, 시작은 감각부터 느껴야 한다. 또한, 대상에 대한 선입견이나 편견을 없애고 느껴지는 그대로 느끼는 것이 중요하다. 대부분의 사람들은 백두산이나 금강산 같은 산들이 영산靈山이니 상태가 좋으리라고 생각하지 나쁘리라고는 생각하지 않는다. 그런데 풍수법을 수련하는 사람이 이런 선입견을 가지고 있으면 알고자 하는 대상의 감정을 제대로 느낄 수가 없고 오히려 본인이 짐작하는 대로 감정을 유도하는 경우가 생기게 된다. 또한, 반드시 중단전으로 기운을 계속 모아야 하지 다른 곳으로 흘려보내서는 안 된다. 이 점을 꼭 유념해야 한다. 풍수법을 계속 수련하다 보면 여러 방면으로 응용할 수 있다. 수맥이 대략 어떻게 흐르는지도 알 수 있고, 사람이 태어난 장소를 알면 그 사람의 성격도 알 수 있다.[10]

---

[10] 한조님께서는 당시 풍수지리법이라 불렸던 풍수법과 선인법을 모두 득得하신 후 전신주천 수련을 시작하셨다. 귀일법은 한조님께서 전신주천을 하실 때 한당 선생님께서 제자들에게 전하셨다. 한당 선생님께서는 한조님께 "이미 전신주천을 하고 있으니 귀일법은 이룬 것이나 마찬가지다. 그러나 경험을 해 보고 싶으면 해 보아도 된다."고 하셨는데 한조님께서 귀일법을 해 보시니 3일 만에 이루어졌다고 하신다. 그래서 귀일법에 관해서는 굳이 수련일지를 쓰지는 않으셨다.

같이 함께 더불어

석문도문

天光天路

선인법

仙人法

선인법 仙人法

선인법仙人法이란 사람의 감정을 알아내는 법인데, 방법은 풍수법과 동일하고 대상만 다르다. 선인법이 숙달되면 사람의 과거·현재·미래뿐만 아니라 그 사람의 성격, 그 사람이 얼마나 나와 잘 어울릴 수 있는지도 알 수 있으며, 그 사람의 운도수까지 알아볼 수 있다. 영靈이 맑은 사람은 선인법을 하다가 가끔씩 상像을 볼 수도 있는데 중단전으로 느껴지는 감정과 상像을 비교하면 알고자 하는 것을 정확히 알 수 있다.[11]

선인법을 사용하다 보면 사람의 마음속에 또 다른 마음이 있음을 알게 된다. 한번은 어떤 사람의 마음을 읽고 있는데 갑자기 다른 감정

---

11) 현재 보편적인 선인법 수련 과정에서는 이렇게 연마하지 않는다. 심화적인 확장보다 양신을 이루어 도계에 승천하기 위한 본맥까지만 체득·체험·체감하고 다음 단계로 넘어가기 때문이다. 지로사들의 공식적인 지로 없이 임의로 공부하거나 천지인 섭리·율법·법도에 입각하여 그에 합당한 근거와 그 근거에 따른 명분과 당위성 없이 심화적인 확장에 치중하게 되면 자기 힘으로 극복하기 힘든 교란·산란·혼란에 들게 되고 경우에 따라 심마心魔에 들 수도 있게 되므로 주의해야 한다.

이 불쑥 일어나는 것이다. 이상하게 여겨져 곰곰이 생각해 보아도 이유를 알 수 없었는데, 나중에 "사람 마음은 마치 양파 껍질처럼 여러 겹으로 되어 있다."는 한당 선생님의 말씀을 우연히 듣고는 그 이유를 짐작할 수 있었다. 그후에도 몇 번 그런 경우를 겪고 사람의 마음속에 늘 다른 마음이 겹겹이 있음을 확신하게 되었다.

같이 함께 더불어
석문도문

天光天路

전신주천

全身周天

전신주천全身周天

우리 몸에는 열두 개의 경락經絡과 여덟 개의 맥脈이 있는데, 여기에 진기를 두루 통하게 하여 온몸 구석구석 막히지 않고 열리게 하는 수련이 전신주천全身周天이다. 전신주천부터는 반드시 하단전 석문이 아니라도 원하는 곳에 기氣를 모을 수 있기 때문에 단전 이외의 부분을 단전화丹田化시킬 수 있다. 이런 이유로 사람이 태어나면서부터 가지고 있는 경락 이외에 임의의 통로를 만들어 운기할 수도 있다. 또한 혈자리 심기운용의 묘미를 극대로 살릴 수도 있다. 그러나 간과해서는 안 될 사항이 있는데, 전신주천에서도 하단전에 의식을 둔 호흡은 기본이라는 점이다. 보통 도문에서 전신주천 수련까지 가려면 최소한 4년 이상이 걸리므로 이때쯤이면 평상시 호흡이 거의 석문호흡화되어 있기는 하겠지만, 하단전을 잊고 다른 곳에 기氣를 모으고자 하면 기본적인 동력이 약해져서 원하는 곳을 단전화시키는 과정이 힘들어진다.

전신주천 수련에 들어가는 수련자는 해당 경락이 시작하는 시혈始穴에 바로 기氣를 모으려 하지 말고, 먼저 하단전에 몇 분간 축기를 한 다음 시혈에 의식을 두어 소위 준단전準丹田을 만들어야 한다. 이후 대략적으로 운기하고자 하는 경락을 인지하여 해당 경락을 운기한다는 심법을 걸고 시혈에서 기운을 천천히 경락도 대로 이끌어 간다. 그러면 진기가 자동적으로 해당 경락을 운기해 가는데, 기운을 이끌 때 의식을 너무 빨리 움직여서는 안 된다는 것을 명심해야 한다. 이와 비슷하지만 약간 다른 운기 방법이 있는데 해당 경락에 배속된 경혈을 따라 이어가듯이 운기하는 것이다. 이 방법으로 수련하는 분들은 매번 운기 수련을 할 때마다 경락이 흐르는 자리가 조금씩 달라진다면서 그 이유를 묻곤 한다. 그것은 배속된 경혈이 때에 따라 그 위치가 변화하기 때문이다. 그렇다고 너무 걱정할 필요는 없다. 해당 경락을 운기하기 전에 이미 어떤 경락을 운기하겠다는 심법을 걸고 인지한 사항이 있기 때문에, 진기는 특별한 무리 없이 해당 경락을 찾아간다. 전신주천 수련을 끝내고 나면, 개별적인 경락들이 처음 시작하는 폐경肺經부터 마지막인 간경肝經까지 마치 오행도五行圖의 그림처럼 하나의 띠로 연결되어 있음을 알게 된다.

전신주천에서는 수련의 단계가 깊어지고 의식이 깊이 몰입되면서 여러 가지 현상을 접하게 되는데, 선도서적에서 언급하는 선경이나 마경魔境을 접하기도 한다. 한번은 고요히 수련을 하고 있는데, 어떤 하얀 도포를 입은 백발 할아버지 한 분께서 주변의 경치가 아름다운 호수의 수면 20~30cm 위에 앉아 명상에 잠긴 모습을 본 적이 있다. 또, 아주 높은 절벽에서 얼마나 높은지 끝이 보이지 않고 뿌연 안개만 보였다 은백의 긴 수염에 하얀 도포를 입은 할아버지와 내가 낚시를 하며 한가로이 담소를 나눈 적도 있다. 이렇듯 여러 가지 상像을 보았는데, 이것이 선경인지 정확히 알 수 없어 의식으로 쫓지는 않고 관망만 했다. 왜냐하면, "내 눈에 좋아 보이는 경치나 상像도 때로는 선경이 아니라 마경일 수 있으니 의식을 따라가지 말고 이런 것도 있구나 하고 관망만 하라"는 한당 선생님의 말씀을 들은 기억이 났기 때문이다.

이런 경우도 있었다. 수련을 하는데 갑자기 커다란 화분에 난蘭 뿌리 같은 것이 보이더니 이내 엄청나게 큰 고목이 보이고, 다시 한쪽으로 뻗은 가지에 목을 매는 동아줄이 보이더니 순간 사람이 목매달고 죽어 있는 것이 보였다. 그런데 끔찍하게도 줄에 목이 매달려 있기는 한데 머리가 없었다. 깜짝 놀라 수련을 끝내버린 적이 있다. 또 한 번은 수련 중에 갑옷과 투구를 쓴 40~50대 남자가 긴 칼을 들고 있는 것이 보였는데, 그 장군이 내 전생의 한 부분이라는 느낌이 들었다. 왠지 모를 친근감이 들어 가까이 접근하다 보니 몇 번이나 계속 수련 중에 나타나는 것이다. 나중에는 보일 때마다 무슨 검법 자세 비슷한 것을 가르쳐 주기에, 때마침 도장에 진검眞劍이 있어 수련

도중에 보았던 동작을 옥상에 올라가서 흉내내 보기도 했다. 그러다 어느 날 한당 선생님께 그 이야기를 꺼냈다가 크게 혼이 났다. 계속 그러다 보면 마魔에 빠져 나중에는 스승의 말씀도 듣지 않아서 더 이상 수련을 할 수 없게 된다는 것이다. 그래서 더 이상 쫓지 않았더니 그 다음부터는 나타나지 않았다.

조금 다른 이야기도 있다. 전신주천 수련을 하다 보니 순간적인 영감이나 직관력이 아주 발달하게 되었다. 태성 엄마와 결혼하기 전의 일이다. 태성 엄마와 둘이서 이야기를 하다가 괜히 손금을 보고 싶은 생각이 들어 손금을 한번 보자고 청했다. 태성 엄마의 손바닥을 펼쳐 생명선을 보고 있는데 갑자기 어떤 모습이 보였다. 순간이지만 아주 생생하게 보여 지금까지도 기억하고 있을 정도다. 어떤 모습이었냐면 태성 엄마가 부엌에서 앞치마를 두르고 얼굴 가득 미소를 띠고는 양손을 앞치마 주머니에 넣고 서 있었는데, 두세 살 정도로 보이는 아이가 태성 엄마 쪽으로 조심스레 걸어가고 있었다. 그런데 이 아이가 사내 아이 같은 느낌이 들었다. 당시에는 태성 엄마와 결혼 전이라 남편이 누구인지 궁금해서 아무리 보려고 노력해도 남편은 보이지 않고 그럴 때마다 난蘭만 보였다. 그러다 모두 사라졌는데 아마 남편과 내가 어떤 연관성이 있는 것 같다는 생각이 들었다. 태성 엄마에게 내가 본 것을 이야기해 주니 피식 웃기만 했다.

세월이 지나 태성 엄마와 결혼을 하고 자식을 낳았는데 그 아이가 바로 사내아이였다. 게다가 그때 손금을 보면서 봤던 아이하고 이미지와 생김새가 아주 비슷했다. 결국 내가 결혼한 건데, 그렇다면 그때 태성 엄마의 미래 남편을 보려고 할 때마다 나타났던 난은 무엇이었을까. 곰곰이 생각해 보니 한 가지 사실이 떠올랐다. 그때 당시 내가 도장에 있는 난을 한두 달 가꾼 적이 있었는데 아마 그 난이었던 게 아닐까.

이처럼 수련이 깊어지면 영감뿐만 아니라 여러 기감도 함께 발달하는데, 전신주천을 통해 12경락과 기경팔맥이 다 유통되고 안정을 찾으면 한 가지 특이한 능력이 생길 수 있다. 상대방이 어디가 아프면 그 사람의 약한 부분의 경락을 자신이 정확하게 느끼게 되는 것이다. 이를 계속 연습하다 보면 나중에는 그 경락의 어느 혈자리가 약한지까지 알 수 있다. 또 내 경락으로 상대의 약한 경락의 흐름을 조절하여 안정시키고 강화시켜 줄 수도 있다. 또한 이런 기감도 스스로 조절하여, 자신이 알고 싶을 때 느끼고 알고 싶지 않을 때는 느끼지 않을 수도 있다.

수련을 계속하다 보면 이런 부수적인 능력이 생기는데, 이를 우리는 도력道力이라고 한다. 도력이란 말 그대로 수도修道를 하다 보니 곁

가지로 생기는 힘을 말한다. 하지만 힘이 생겼다 하여 함부로 사용하면 반드시 하늘로부터 경고나 신벌神罰을 받으므로 수도자는 주의해야 한다. 피치 못해 사용한다면 순리에 거스르지 않고 대의명분이 있는지를 살펴보고 사용해야 할 것이다. 도심道心이 없는 도력은 정술正術이 아니라 사술私術에 불과함을 유념해야 한다.

여기서 나는 수심修心에 대해 한당 선생님께서 하신 말씀을 옮겨 보고자 한다.

"우리는 수심이라는 단어를 많이 사용하는데, 이를 말 그대로 풀이하면 '마음을 닦는다'는 뜻이다. 옛 성현인 공자께서는 '인의예지신仁義禮智信'을 인간이 살아가면서 지켜야 할 도리라고 했는데, 이를 잘 실천하고 생활화하는 사람을 우리는 훌륭한 인격의 소유자라고 한다. 그러나 도문에서는 이러한 상태라 해서 모두 수심이 되었다고 하지는 않는다. 왜냐하면 공자께서 설파한 '인의예지신'은 인간이면 누구나 지켜야 할 가장 기본적인 덕목이기 때문이다. 수도자라면 기수련을 통해 천지대자연의 이치를 깨달아 여기에 순응하고 종래는 초월하는 경지까지 이르렀을 때 비로소 수심이 되었다고 말할 수 있다. 굳이 나누면 세 등급으로 볼 수 있는데, 하급은 사람이면 누구나 지켜야 할 인의예지신 등 생활규범을 잘 지키는 사람이고, 중급은 천지대자연의 이치를 어느 정도 알고 순응해 가는 사람이며, 상급은 천지대자연의 이치에 통달하여 마침내 그것을 초월한 대자유인을 말한다.

그렇다면 천지대자연의 이치에 순응하고 초월한다는 것은 무엇을 뜻하는 것이고 어떻게 해야 하는 것일까? 이는 수련을 통해 매 단계에 맞는 수심을 하면 된다. 예를 들면, 대맥운기 수련단계에서는 상하음양의 기운이 조화를 이루는 것을 터득할 것이며 기氣의 존재나 운기에 대해 어느 정도 알게 될 것이다. 소주천은 좌우음양의 조화를 이루어 가며 선도의 세 가지 보물인 삼단전을 하나로 연결하고 닦아서 조금 더 강화된 기氣의 힘과 능력을 터득한다. 또한 수승화강水昇火降의 이치를 알고 자연의 이치를 배우게 된다. 이와 같이 온양, 대주천, 일월성법 등 매 단계 수련을 통해 그 단계에 걸맞는 자연과 우주의 이치와 원리를 깨닫고 더 높은 단계의 수련으로 나아가면서 결국에는 초월하게 된다. 이처럼 참다운 수심은 머리로 외워서 지켜나가는 것이 아니라 직접 몸으로 체득하고 체험하여 깨달아가는 것이라 할 수 있다.

天光天路

채약

採藥

─── 채약 採藥

채약採藥이란 우리 몸속의 진기를 움직이지 않게 한 곳에 고정시킨 다음 하늘의 찬 기운인 천냉수天冷水로 냉각하여 고체화된 작고 딱딱한 구슬을 의미한다. 채약은 우리 몸에 있는 세 개의 여의주와는 다른 것이다. 진기를 하단전에 고정시켜 다른 곳으로 흘러가지 못하게 하면 하단전이 있는 하복부가 시원해진다. 이 때 호흡으로 도계道界의 천냉수를 끌어당겨 하단전에 응집된 진기덩어리에 보내 합일시키면 하단전 진기가 딱딱해지기 시작하는데, 이때의 감각은 아주 차갑다. 실제로 나는 단전에 채약을 만들면서 꼭 아이들이 가지고 노는 구슬만 한 덩어리를 느꼈는데, 어찌나 차갑던지 이틀 동안 설사를 할 정도였다. 그러나 이후에는 그 정도까지 차갑지는 않았고 조금 많이 굳어졌다 싶으면 시원해지는 정도였다.

채약이 딱딱하게 굳으면 전신 12경락과 기경팔맥으로 운기하여 모난 부분을 다듬는다. 처음에 채약을 운기하면 경락 가득히 아주 까칠까칠한 것이 껄끄럽게 지나가는 것을 느낄 수 있다. 그러나 계속 운기하다 보면 조금씩 부드러워지고 마지막에는 특별한 감각이 없어지는데, 이는 그만큼 다듬어졌다는 증거다. 이렇게 계속 반복 수련을 하다보면 다듬어진 채약이 자신의 새끼손가락 첫째 마디 절반 정도_{나는 셋째 손가락 손톱 크기만 했다} 크기가 되고 아주 딱딱해지는데, 이때가 되면 어느 정도 채약이 완성된 것이다.

채약이 완성되면 얼마간 이것을 가지고 운용 체외운기體外運氣를 해 볼 필요가 있다. 방법은 간단하다. 채약을 손가락으로 보내 반대쪽 손에 쏘아보기도 하고 던져 보기도 하면서 거리를 점점 더 멀리해 본다. 이것이 잘되면, 백회나 인당, 신체의 다른 부분에 보내서 여러 가지를 느껴 본다. 실제로 채약을 손가락 끝으로 보내면 손 끝 마디가 얼음을 만지는 것처럼 차가워지는데, 반대쪽 손으로 채약을 보내면 원래 손은 괜찮아지고 반대쪽 손에서 감각이 일어난다. 이것이 자유자재로 되면 이번에는 저 멀리 있는 별에 보냈다가 끌어 보기도 한다. 채약을 별에 쏘면 마치 과녁에 뭔가를 맞힌 듯한 느낌_{물론 내 개인적인 느낌이지만}이 들면서 순간 별빛이 조금 밝아지고 부드럽고 맑아진다. 이렇게 채약을 운용하다 보면 잃어버릴 수도 있지만 그렇다고 너무 걱정할 필요는 없다. 보통 15분에서 30분이면 잃어버린 채약을 다시 만들 수 있기 때문이다. 뿐만 아니라 계속 수련을 하다 보면 채약을 여러 개 만들 수도 있는데, 의식을 여러 개로 분산하다가 단전에서 다른 곳으로 옮겨 놓은 채약을 잃어버리지 않도록 주의해야 한다. 나는 네 개까지 한꺼번에 만들어 보았는데 그 이상은 잘 만들어지지 않았다. 아마 의식을 동시에 네 개 이상 분산하는 것이 힘들었나 보다.

채약 수련을 끝마치면 여러 가지 능력이 생기는데, 그중에서 가장 큰 것이 바로 사람의 운도수를 어느 정도 바꿀 수 있는 능력이다. 한당 선생님께서는 이 방법을 전수하시면서 함부로 사용하지 말라고 당부하셨는데, 앞서 언급했듯이 도력이란 대의명분과 하늘의 섭리에 거스르지 않을 때 올바른 힘이 생기는 법이다.

그러면 채약이 얼마나 대단한지 내 체험을 토대로 말해 보겠다. 여천 지원[12]에 있을 때 일이다. 악성 류머티스 관절염을 앓던 분이 있어서 단전에 채약을 하나 넣었는데, 넣자마자 몇 년간 앓던 안질이 없어지고 관절염도 빨리 호전되었다. 그분은 지금도 수련을 계속하고 있는데, 아주 건강해졌다. 또 다른 경우는 태성 엄마가 임신을 했을 때 일이다. 선물로 단전에 채약을 하나 넣었는데 입덧을 거의 하지 않았고 태성 엄마는 본래 몸이 매우 약했다, 출산하기 두 달 전에 또 하나를 넣었

---

12) 전국에 있는 석문호흡 도장은 본원本院의 산하 기관이기에 '지원枝院'이라 부르기도 한다.

더니 첫 출산임에도 그렇게 어렵지 않게 낳았다. 진통이 1~2분에 한 번씩 왔는데 통증도 그리 심하지 않았고 병원에 갔을 때는 자궁 문이 거의 다 열려 출산실에 들어가서 2시간 45분 만에 아기를 낳았다. 물론 여기에는 몇 가지 이유가 더 있다. 첫째는 태성 엄마가 수련을 계속하고 있었고, 둘째는 아기를 낳을 때 태성 엄마에게 기운을 보내 대맥과 소주천을 운기시켜 주고 회음과 하단전과 백회에 한 시간 반 가량 기운을 불어넣어 주었다. 그래서 태성 엄마의 순산이 100% 채약의 힘이라고 할 수는 없지만, 도문의 다른 수련자보다 훨씬 수월하게 아기를 낳았고 아들 태성이도 지금까지 잔병 없이 건강하게 자라고 있다. 그러나 앞서 언급했듯이, 도력은 함부로 사용하면 안 되고 여기에 너무 심취하여 본래 공부를 망각하면 반드시 하늘에서 경고가 있기 마련이다.

내 체험을 들어 한 번 더 경각심을 심어 주고자 한다. 채약 수련을 시작한 지 두 달 정도 지났을 때 부산 지원에 수련 지로를 하러 내려갔었다. 부산 지원에 도착하자 한당 선생님께 전수받은 심기운용과 이를 토대로 응용해서 사용했던 심기운용을 모두 정리하여 도반들에게 어느 정도 전수하고자 하는 마음이 일어났다. 그래서 수련 지로 중 틈 날 때마다 예전에 했던 것을 다시 연습해 보면서 심기운용을 가르쳐 줄 준비를 하고 있었다.

여러 날 연습하여 많은 부분을 나름대로 체계를 잡아 가장 기초라 할 '기운을 점검하는 법'부터 도반들에게 전수하기 시작했다. 그런데 어느 날 아침, 일어나 세수를 하는데 왼쪽 눈이 조금 이상했다. 조금 뻣뻣하기도 하고 마비가 온 것 같기도 하고 무어라 단적으로 말하기 어려운 상태가 되었다. 처음에는 별생각 없이 '지금까지 그랬던 것처럼 수련을 하다 보면 없어지겠지' 하고 그냥 지나쳤다. 그런데 다음 날 아침, 이번에는 왼쪽 뺨까지 조금 이상해지는 것이다. 그래도 별다른 생각을 하지 않았다. 왜냐하면 지금까지 수련하면서 수많은 명현과 화후를 겪었고, 그때마다 특별히 치료를 하지 않아도 계속 수련하다 보면 없어졌기 때문에 '이번에도 그렇게 되겠지' 하고 간과했던 것이다. 그러나 사흘째 되는 날 아침, 세수를 하려던 나는 정말 놀라지 않을 수 없었다. 얼굴 왼쪽 부분이 전부 마비가 되어 움직여지지가 않았다. 구안와사口眼喎斜가 왔던 것이다. 눈은 계속 떠 있거나 감고 있어야 하고, 입은 한두 마디 말을 하면 획 돌아가 버려서 밥을 먹는데 왼쪽 입에서 밥알이 툭툭 떨어지는 등 괴상한 몰골이 되고 말았다.

그때까지 대수롭지 않게 생각하던 나는 사태의 심각성을 비로소 인지했다. 바로 치료를 시작하면서 '어떻게 구안와사가 왔지?' 하고 원인을 찾아보았다. 알고 보니 문제는 사범실이었다. 그때 부산 지원 사범실은 외풍이 아주 심해서 벽이 있어도 없는 거나 다름없었다. 추운 겨울에 이런 방에서 전기장판을 깔고 엎드려 잠을 자는데, 방 안 전체에 따뜻한 온기라고는 없이 바닥만 따뜻하고 위는 춥다 보니 밤새 위로 드러난 왼쪽 뺨에 구안와사가 왔던 것이다. 그런데 내가 단순한 구안와사라고 생각하지 않은 결정적인 이유는 치료 중 생긴 현상 때문이었다. 채약 수련이 이미 끝난 상태에서 기화신 수련으로 넘어가기 전에 힘을 채우고 있던 중이었기 때문에, 마비가 온 경락을 운기해 스스로 치료할 수 있는 능력이 있었다. 그런데 어찌 된 이유인지 두세 시간씩 들여 막힌 경혈을 뚫어도 그때 뿐이지 조금 지나면 다시 원상태로 돌아갔다. 이번에는 막힌 경혈을 채약으로 뚫어 놓고 뚫린 혈자리에 아예 채약을 고정시켜 놓기도 했지만 역시 마찬가지였다. 지금까지 채약으로 치료해서 여러 신기한 효과를 경험했고 또 다른 채약 수련자들로부터 들은 이야기들이 있어 다소 기대를 했는데, 아무 효과가 없었던 것이다.

'아무래도 벌 받은 것 같다' 하는 마음이 계속 일어나서 서울로 전화를 걸었다. 한당 선생님께 자초지종을 말씀드렸더니 선생님께서는 "네가 심기운용에 빠져 거기에 심취하니까 하늘의 신명들이 경각심을 심어 주려고 본보기로 벌을 내린 것이다. 내가 그렇게 수없이 심기운용에 빠지면 큰 법法을 얻을 수 없다고 말을 했는데 네가 소홀히

들었구나." 하시면서 나무라셨다. "잘못했습니다. 다음부터는 그런 일이 없도록 하겠습니다." 하고 선생님께 사죄드리고 어떻게 하면 되는지를 여쭈었다. 한당 선생님께서는 침 처방만 알려주시고는 치료해도 안 되면 본원으로 올라오라고 하시기에 그냥 제가 치료해 볼 테니 사범만 한 사람 보내주십사 말씀드리고 전화를 끊었다. 수화기를 내려놓고 나는 한동안 생각에 잠겼다. '내가 심기운용을 연습하느라 며칠간 신경을 쓴 것은 사실이지만, 새로운 심기운용을 터득하려고 깊이 파고들었던 것이 아니라 선생님께 전수받았던 것을 도반들에게 전하기 위해 연습을 한 것 뿐인데…' 하면서 불만을 조금 품었다. 그래서 다시 한번 확인하려는 마음으로 광주 지원에 있는 석운 사범에게 전화를 걸어 왼쪽 얼굴에 구안와사가 왔으니 기$_{氣}$를 좀 보내달라고 하였다. 그런데 조금 있으니 석운 사범이 다시 전화를 걸어 하는 말이 "사형! 주변 산신들에게 죄 지을 만한 일을 했어요?"라고 하기에, 왜 그렇게 생각하느냐고 물으니 심기운용을 하는데 보통 때와는 달리 기운이 파고들지 못할 뿐 아니라 계속 내가 벌 받았다는 생각이 든다는 것이다. 그제서야 한당 선생님께서 하신 말씀을 들려 주면서 내가 한 일을 사실 그대로 말하고 한숨을 쉬니 "사형은 어찌 그렇게 특별한 일이 많아요." 하고 위로를 하기에 고맙다고 하고는 힘없이 수화기를 내렸다.

이후 장장 20여 일간의 치료가 시작되었다. 처음에는 선생님께서 주신 처방대로 하지 않았는데, 왜냐하면 선생님의 처방이 내가 보기에는 도저히 나올 수 없는 처방으로 보였기 때문이다. 그래서 나름대로 진단한 나만의 처방으로 침도 놓고 운기도 하면서 하루에 여덟 시간, 열 시간 심혈을 기울여 치료했다. 여기에 빼놓지 않고 아침저녁으로 하늘에 참회의 삼배를 드리기도 했다. 그러나 온 심혈을 기울인 치료에도 불구하고, 며칠간 효과가 나타나지 않자 나는 낙심하지 않을 수 없었다.

'내가 채약 수련을 하고 있는데 이런 일을 겪다니 정말로 답답하구나.' 기가 막혀서 계속 한탄만 하는데 도반들이 많이 걱정해 주면서 구안와사에 용한 침술사가 있는데 한번 가 보자고 했다. 그래도 나는 끝내 사양하고 가지 않았는데 한 가지 믿음이 있었기 때문이다. '하늘에서 내 얼굴을 이렇게 만들어 놓고 수련 지로를 시키지는 않을 것이다.' 이런 믿음과 희망을 가지고 다시 한번 더 용기를 내어 치료를 시작했다. 그랬더니 다음 날 아침, 눈 부분의 마비가 다소 풀리는 듯했다. 치료를 시작한 지 22일째, 한당 선생님 처방대로 한 지 3일 만에 구안와사가 대부분 없어지고 뺨 부분만 국부적으로 남게 되었다. '역시 선생님이시구나. 그런데 어떻게 이런 처방이 있을 수 있지? 정말 신기하군.' 한당 선생님의 능력에 새삼 감탄하지 않을 수 없었다.

거의 한 달 가까이 앓았던 구안와사를 통해 '심기운용은 함부로 사용해서는 안 된다'는 철칙을 온몸으로 깨달았고 경락의 여러 가지 현묘한 작용도 알게 되었다. 지금은 언제 구안와사가 왔었나 싶을 정도로 아무 흔적이 없지만 그것이 주었던 교훈은 아마 평생 못 잊을 것이다.

天光
天路

기화신

氣化神

――――――――――――――――――――――――――――― 기화신 氣化神

지금까지의 수련이 진기를 소생시켜 운행하는 것이라면, 기화신氣化神은 생기까지 포함한 우주 삼라만상의 모든 기운을 흡수하여 몸 그 자체를 신神으로 만드는 수련이다. 수련 자세는 '고성법孤星法' 혹은 '기화신공氣化神功'이라고 하는데 이 자세를 하지 않고는 기화신을 이룰 수 없기 때문이다. 뿐만 아니라, 기화신 수련은 '고성법'이라는 자세의 이름처럼 정말로 고독하지 않으면 터득할 수 없는 수련법이기도 하다. 처음 기화신 수련을 시작하면 온몸으로 들어오는 기운 때문에 전신이 시원해지면서 천지만물과 쉽게 합일되어 각 사물이 가지고 있는 본연의 의미를 깨닫게 된다. 계속 수련하다 보면 눈앞이 아주 밝아지면서 강한 빛을 보게 된다. 그런데 대부분 하단전 여의주를 봐야 한다는 생각 때문에 빛이 하단전 부근인 아래에서 나오리라 생각하는데 실제로는 그렇지 않다. 그런데 계속 아래에서만 찾으려고 하면 앞이 보이지 않고 캄캄해져서 수련이 오히려 퇴보하는 느낌이 들 수도 있다.

나도 처음에는 그렇게 생각하는 바람에 한동안 어려움을 면치 못했다. 또한 『천서』의 '운기의 마지막 단계인 기화신을 계속 연공하다 보면 하단전을 중심으로 넓게 흰 빛이 둥글게 형성되는 것을 발견하게 될 것이다'는 구절 때문에 그러한 것만 찾다가 나중에는 오히려 더 보이지 않아 고심하기도 했다. 여기서 한 가지 유념해야 할 것이 있는데, 첫째는 어떤 것이 보일 것이라는 선입견을 가지면 안 되고 둘째는 억지로 보려고 해서도 안 된다. 삼라만상의 기운을 온몸으로 받아 세포 하나하나까지 파고들게 하다 보면 자연히 수련이 진전된다. 이렇게 기력이 쌓이면 자연스럽게 하주下珠의 빛을 보게 되는데, 이때를 놓치지 말고 의식을 집중해 초점을 맞춘 다음 도광영력道光靈力[13]을 계속 보내면 된다. 셋째는 마음을 너무 조급하게 가지면 안 된다. 앞서도 말했듯이 꾸준한 수련으로 자연스러운 변화를 관망하는 듯한 자세를 취하는 것이 결국에는 수련을 앞당기는 지름길이다. 즉 인내를 가지고 수련을 하다 보면 모든 것이 순조롭게 진행된다는 뜻이다.

이런 몇 가지 사항을 유의하면서 수련하다 보면, 앞면 가득히 채우

---

13) 도광영력道光靈力은 천지인조화역사의 시운에 맞추어 현재는 도광신력道光神力으로 명명하고 있다.

던 밝은 빛이 점점 줄어들면서 마침내 탁구공만한 동그란 구슬이 되는데 이것이 바로 여의주如意珠다. 그러니까 앞면 가득한 빛은 바로 이 여의주에서 뿜어져 나온 것이다.[14] 기화신 수련을 하면 삼주三珠가 한 번 더 크게 닦이고 기력이 한층 더 강해지면서 영감이나 직관력이 크게 향상된다. 간간이 눈앞에 보이던 상像도 옛날보다 조금 더 정확하게 보이게 된다. 채약과 기화신의 기력을 비교하자면, 채약 때는 15분 정도 심기운용을 해야 효과가 있었던 것이 기화신 때는 4~5분 정도 하면 효과가 생길 정도이다. 이러다 보니 심기운용할 때 기를 많이, 오래 쏘지 않아도 된다.

기화신 수련 때도 특별한 일이 있었다. 한번은 심기운용을 하는데 어떤 백발의 할아버지께서 나타나더니 "이유가 있으니 기운을 보내지 말라."고 하는 것이다. 순간 하면 안 되나 보다하고 그만두려다가 도저히 심기운용을 받는 분에게 미안해서 계속하니 이번에는 다른 모습의 할아버지가 나타나서 하지 말라고 했다. 그래도 무시하고 계속하니 나중에는 날카롭게 생긴 백발의 할아버지께서 나타나 엄한 모습으로 "하지 말라고 하는 데는 다 이유가 있는데 계속 그렇게 하면 네가 책임을 져야 할 것이다."라고 말하고는 사라져 버렸다. 세

---

14) 현재 공식적인 개안開眼 수련은 기화신이 아니라 양신 수련 과정에 포함되어 있다.

번이나, 그것도 제 각각 다른 할아버지께서 나타나 심기운용을 만류하기에 중단한 적이 있었다. 예전 같으면 단순히 감각적이거나 아니면 짧은 영감으로 느꼈을 텐데, 이때는 생생하게 모습이 보였다.

또 한 번은 전남 여천 지원에 있을 때 일이다. 각 도장에 그 도장을 수호하는 신명들이 있다는 것을 안 이후로 종종 도반들의 수련을 도와줄 것을 부탁드리곤 했다. 그러던 어느 날, 마지막 수련지로를 마치고 집으로 퇴근을 하려는데 도반 두 분이분들은 서로 부부였다이 도장 문을 열고 수련하러 들어왔다. 이분들은 내가 있거나 없거나 상관없이 자시 수련을 하러 올 정도로 열심히 수련을 하는 분들이라 나는 도장을 나서며 "저는 퇴근할 테니 수련하고 가십시오."라고 했다. 인사를 주고받은 후 계단을 내려가면서 도장의 신명들께 두 분이 정성을 가지고 용맹정진하니 수련을 도와달라고 간절히 부탁하고는 집으로 갔다. 다음 날 저녁, 두 분에게 "어제 저녁에 수련 잘하셨습니까?"라고 물으니 남편 분이 무언가 일이 있었다는 투로 말하기에 어제 일을 이야기 해 주었다. 그랬더니 부인 분이 "어제 수련할 때 아주 이상한 경험을 했어요." 하고 설명하기 시작했다. 두 분이 여느 때와 마찬가지로 수련을 하는데 백발의 할아버지 두 분이 나타나서 두 분의 주위를 서성이는 모습이 부인에게 보였다고 한다. 그래서 "할아버지들은 혹시 신명님들이세요?" 하고 물으니 그중에 엄하게 생긴 할아버지께서 "수련 중에는 수련에만 집중할 것이지." 하면서 가지고 있던 작은 막대기 같은 것을 머리 쪽으로 내밀었단다. 막대기가 쑤욱 길어지면서 순식간에 자신의 머리로 다가오는데, 다른 할아버지께서 들고 있던 부채로 막아주어 맞지는 않았다는 것이다. 그분들이 "신명님들이 맞습니까?" 하고 묻기에 나는 아마 그럴 거라고 답했다. 내가 빙그레 웃으면서 "그러기에 수련 중에는 수련에만 열중해야지 왜 다른데다 신경을 썼습니까? 그분들이 수련을 도와주려는데 다른데 정신을 두니 훈계하려고 그러셨던게지요." 하니 그 도반도 "그냥 보이기에 나도 모르게 그렇게 되었어요." 하면서 웃었다.

마지막으로 이 일은 나 자신도 믿기 어려웠던 체험이다. 여천 지원의 중산 지원장枝院長 가족이 미국으로 여행을 가고, 앞서 말했던 부부 두 분은 중국으로 여행을 간 적이 있다. 이 분들이 여행을 떠난 직후, 홀로 사범실에 앉아 고요히 입정入定에 들어갔다. 이분들이 아무 사고 없이 무사히 여행을 마치고 돌아올 수 있도록 천지간의 신명들께서 굽어 살펴 달라고 기원하면서 기운을 크게 발산했는데, 중국으로 여행간 부부 두 분에게 신기한 일이 일어났다. 다음 날, 중국에서 전화가 왔는데 두 분이 혹시 자신들에게 무엇을 어떻게 했냐고 물었다. 인천에서 배를 타고 중국으로 가면서 갑판에서 저물어 가는 석양을 쳐다보는데, 저 멀리 수면 위에서 황금빛을 띠며 내가 좌정

한 채 다가오더니 잠시 멈추고는 한참을 그렇게 있다가 사라졌다는 것이다. "글쎄요. 제가 여행 떠나시고 나서 한두 번 수련하면서 무사히 돌아오기를 기원한 적은 있었는데요." 나도 의외라는 식으로 말하니 자신들이 잘못 보았을 수도 있다며 안부를 묻고는 이내 끊었다. 이렇듯 기화신부터는 보이는 상像이 제법 정확하게 보였고, 가끔은 보이는 존재와 간단하지만 의사소통이 되는 경우도 있었다.

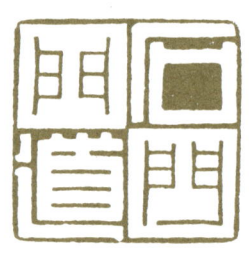

같이 함께 더불어

석문도문

天光天路

양신

陽神

──────── 양신陽神

기화신을 이루고 나면, 이제부터는 양신 수련에 들어간다. 양신 수련이란 자신의 도체道體, 즉 빛으로 된 자기 자신을 찾는 수련이다. 기화신 수련을 하면서 하단전 여의주를 여러 번 보자 한당 선생님께서는 "백회로 도광을 끌어당겨 하단전에 보이는 여의주에 빛을 보내라."고 하시면서 "양신 수련으로 넘어가라."고 하셨다.

여의주에 도계의 빛인 도광영력을 보낸 후로는 여의주는 안 보이고 오히려 여러 상像들이 혼란스럽게 많이 보였는데 아마 『천서』에서 언급한 빛이나 여의주의 변화인 것 같았다. 그런데 이전까지 보였던 여의주가 갑자기 보이지 않게 되자, '이러면 안 되는데' 하면서도 계속 예전에 보았던 것을 찾게 되고, 그러다 보니 더욱 보이지 않아서 혼란스럽기만 했다. 『천서』의 '보려고 하면 보이지 않고, 보는 가운데 보이게 되는 이치'를 깨우치는 데에는 여러 달이 걸렸다.

이렇듯 혼란스러운 여러 상像을 보고 있던 어느 날, 양신 수련을 하는데 갑자기 쭉 뻗은 아스팔트가 보였다. 마치 내가 차를 타고 신나게 달리는 듯한 느낌이 들더니 조금 지나 무언가 퍽 하고 부딪쳤다. 이내 차가 멈춰섰는데, 장면이 차 후미로 바뀌더니 동물 같은 것이 죽어 있었다. 너무 끔찍한 모습이라 눈을 뜨고 수련을 끝내고 일어선 적도 있었다.

혼란스러움이 여러 달 계속되자 앉아서 수련하기가 힘들었다. 그래도 중단하지 않고 꾸준히 하다 보니 조금씩 혼란스러움이 정리가 되면서 나중에는 다시 앞이 밝아지고 여의주가 보이기 시작했다. 그래서 도광영력을 계속 여의주로 보내니 갑자기 커다란 손이 보이기도 하고 팔이 보이기도 하고 코가 보이기도 했다. 무언가 되겠다 싶어 수련에 박차를 가했다. 어느 날 수련에 몰입하고 있는데 갑자기 부처 같은 모습의 형상이 황금빛을 띠면서 뒤돌아 앉아 있는 것이 보였다. 혹시 내 양신인가 싶어 계속 도광영력을 보냈다. 조금 지나니까 얼굴 부분이 확대되다가 갑자기 앞면이 보였는데 꼭 악마상처럼 험악하게 생긴 모습이라 깜짝 놀라 수련을 마치고 일어서 버렸다.

이후로는 이런 상像들이 보이지 않았다. 상像이 보이지 않자 이제는 여의주가 밝게 빛나기 시작했다. 나중에는 도광영력을 정확하게 보낼 수 없을 정도로 여의주 빛이 너무 밝아 수련이 또 다시 답보 상태에 놓이기도 했다.

양신 수련을 계속 하다 보니 가끔씩은 황금빛 통로 같은 것이 보이기도 하지만, 아직 여의주 속을 완전히 뚫고 들어가지 못하고 있다. 그러나 반드시 양신을 이루어 도계에 입천하겠다는 원력願力을 품고 계속 수련하고 있으니 앞으로 좋은 결과가 있으리라 믿는다.

세월은 행운유수行雲流水와 같고
여의주는 운무 속에 숨었네.

한 줄기 호흡이면
드러날 황금 구슬이련만

천둥에 번개치니
자취가 묘연하네.

한 호흡의 부드러움과 한 번의 집중된 의식이
깊은 삼매로 인도하고

미소를 안겨준 수련은

겨울 한낮의 따스한 햇살처럼

마음을 포근하게 하네.

양신陽神이 무엇이고

도통道通이 무엇인지

아직 모르지만

이렇게 하다 보면

거기에 이르겠지.

수련이 수련에만

머무르지 아니하고 천지를 담으니

천지에 내가 머무는 듯하다.

석문도담
천광천로 1

초판 1쇄 발행 2016년 12월 12일

지은이 한조
펴낸이 이승우 | **조판** 성인기획 | **인쇄** 영신사

펴낸곳   석문출판사
           경기도 수원시 장안구 만석로 241 석문빌딩 3층
           전화 031-246-1360 | 팩스 031-253-1894
           등록번호 2005년 12월 20일(제25-1-34호)

Copyright ⓒ 한조, 2016

ISBN 978-89-87779-26-3
       978-89-87779-22-5(세트)

이 책은 저작권법에 따라 보호받는 저작물이므로 무단전재와 복제를 금하며, 이 책 내용의 전부 또는 일부를 이용하려면 반드시 저작권자의 서면 동의를 받아야 합니다.

• 책값은 뒤표지에 있습니다.